हॉकी के 25 टॉप भारतीय खिलाड़ी

हॉकी के 25 टॉप भारतीय खिलाड़ी

वीरेंद्र शुक्ल

चिल्ड्रन बुक टेंपल
दिल्ली

प्रकाशक : चिल्ड्रन बुक टेंपल, सी–55, गणेश नगर, पांडव नगर, दिल्ली–110092
 / संस्करण : 2024 / मूल्य : तीन सौ रुपए
मुद्रक : नरुला प्रिंटर्स, दिल्ली ISBN 978-81-932888-5-6

HOCKEY KE 25 TOP BHARATIYA KHILADI

by Shri Virendra Shukla ₹ 300.00

Published by **Children Book Temple**, C-55, Ganesh Nagar, Pandav Nagar, Delhi-110092

उस युवा पीढ़ी को
जो हॉकी का खोया गौरव पाने के लिए
कटिबद्ध है, और उस दिशा में सतत सक्रिय

मेरी बात

एक बार किसी विदेशी पत्रकार ने कहा था कि भारत को दुनिया दो वजहों से जानती है—एक तो गांधी और दूसरा हॉकी। आज हम अत्यधिक प्रासंगिकता के बावजूद जहाँ गांधी को भुलाए बैठे हैं, वहीं हॉकी में भी हाहाकार की स्थिति है। भले ही हॉकी रसातल में न हो पर स्थिति भी ठीक नहीं है। अतीत की सफलताओं और उपलब्धियों की तुलना में आज हमारी हॉकी गरीब ही कही जाएगी। कभी थे स्वर्णिम दिन। हम हॉकी में दुनिया के सरताज थे। दुनिया हमारे खेल और खिलाड़ियों का लोहा मानती थी। थे भी हमारे खिलाड़ी अद्‌भुत क्षमता और प्रतिभा के।

दुनिया ने दूसरा ध्यानचंद नहीं देखा। हॉकी के जादूगर की पदवी उन्हें अनायास नहीं मिली। केवल ध्यानचंद ने ही मैदान पर अपनी जादूगरी से सभी को चमत्कृत और झंकृत नहीं किया, बल्कि रूप सिंह, किशन लाल, के.डी. सिंह 'बाबू', बलबीर सिंह, लेस्ली क्लाडियस, ऊधम सिंह, मो. शाहिद, परगट सिंह एवं धनराज पिल्ले सरीखे खिलाड़ियों की मौजूदगी से भारतीय हॉकी ने सफलता के नए आयाम स्थापित किए।

इन तमाम खिलाड़ियों के खेल कौशल के आगे दुनिया के अन्य खिलाड़ियों का प्रदर्शन फीका नजर आया। तभी तो भारत ने आठ ओलंपिक स्वर्ण पदक हासिल कर एक इतिहास रच डाला है। बादशाहत का यह मुकाम अकेला है, पर आज तो हम अतीत की धूल हैं। हमें पुराना सम्मान हासिल करने में पसीने छूट रहे हैं। हम कहीं ठहर नहीं पा रहे हैं। अतीत मुँह चिढ़ा रहा है।

सवाल यह है कि आखिर हॉकी की इतनी दुर्दशा का जिम्मेदार कौन है। खिलाड़ी हों या अधिकारी सब भटके और अटके नजर आते हैं। पहले जैसा जोश और जुनून गायब है। यद्यपि हॉकी इंडिया ने भले ही कुछ न किया हो, पर उसने हॉकी लीग से खिलाड़ियों की दरिद्रता दूर कर उन्हें धनवान बनाया। सुविधा भी पहले से बेहतर और बढ़ी है। खिलाड़ियों को अपनी अक्ल और हुनर कहीं ज्यादा

दिखलाना है। उन पर बड़ी जिम्मेदारी है। उन्हें अपने लक्ष्य पर ध्यान लगाए रखना है। राह मुश्किल जरूर है, पर सफलता नहीं मिलेगी, यह सोचना बेमानी है। सभी को संकल्प लेने और हॉकी को ऊपर उठाने की जिम्मेदारी लेनी होगी।

इस किताब के जरिए हॉकी के उन जाँबाज योद्धाओं को याद करने की कोशिश भर नहीं है, बल्कि भावी पीढ़ी को उनके शानदार और जानदार प्रदर्शन का एहसास करना भी उद्देश्य है। यदि हॉकी में हमारी बादशाहत का लंबा सिलसिला चला तो उसके पीछे खिलाड़ियों का अद्भुत प्रदर्शन है।

आज की पीढ़ी भी उनसे सबक लेकर नया इतिहास लिख सकती है। उनमें प्रतिभा है, संभावना है और सबसे बड़ी बात उन्हें अपने को साबित करने की चुनौती भी है। पुराना स्वर्णिम इतिहास लौटे या न लौटे, पर हॉकी-जगत् में सम्मानजनक स्थान तो पाने में सक्षम है ही। हमें यह सोचकर ही हॉकी के हित में हर कदम उठाना होगा।

—वीरेंद्र शुक्ल

अनुक्रम

हॉकी का इतिहास

हॉकी का खेल कब और कहाँ से शुरू हुआ, इस पर भले ही लोग एकमत न हों, पर यह सभी स्वीकार करते हैं कि यह खेल दुनिया के सबसे पुराने खेलों में से एक है। इस खेल की कल्पना आदिकाल से करना गलत नहीं होगा। जब किसी आदमी ने किसी पेड़ के तने को तोड़कर जमीन पर पड़े किसी कंकड़ी या किसी अन्य वस्तु को एक तरफ से दूसरी तरफ ढकेला होगा, तब इस आदत ने ही आगे चलकर हॉकी के खेल का रूप लिया होगा।

उल्लेख मिलता है कि ईसा के जन्म से 2000 वर्ष पहले फारस में हॉकी से मिलता-जुलता एक खेल खेला जाता था। यहीं से यह खेल और देशों में पहुँचा। फारस के बाद यूनान ने इस खेल को सबसे पहले अपनाया। कुछ साल पहले वहाँ ईसा से 300 वर्ष पूर्व पाए गए चित्र में दो खिलाड़ी हॉकी की बुली की मुद्रा में दिखाई पड़ते हैं। उनके हाथ में जो स्टिक थी, वह आजकल की हॉकी की स्टिक से बहुत कुछ मिलती-जुलती है। मध्य युग में फ्रांस में हॉकी से मिलता-जुलता एक खेल खेला जाता था, जिसे 'हाके' कहा जाता था। स्कॉटलैंड में इस खेल का नाम 'शंटी' था और आयरलैंड में इसका नाम 'हर्ले' था।

जिस ढंग से आज हॉकी खेली जाती है, वह 19वीं शताब्दी के मध्य में इंग्लैंड

से शुरू हुई मानी जाती है। इस बात का भी प्रमाण मिलता है कि प्राचीन पर्शियनों को पेड़ से तराशी गई स्टिक से गेंद का पीछा करना बड़ा अच्छा लगता था। यह भी पता चला है कि अमेरिका के रेड इंडियन हजारों साल तक हॉकी की किस्म का एक दमदार खेल खेला करते थे। हालाँकि यह कोई नहीं जानता कि हॉकी कब और कहाँ से शुरू हुई, परंतु यह समझना कठिन नहीं है कि हॉकी की शुरुआत कैसे हुई। आज जिस हॉकी को हम खेलते हुए देखते हैं, वह पर्शियनों, रोमनों तथा अमेरिकी इंडियनों की हॉकी से बहुत अलग है। इसीलिए कहा जाता है कि हॉकी एक ऐसा खेल है कि जिसका न तो कोई जन्म स्थान है और न ही कोई जन्मदिन।

यद्यपि इंग्लैंड में हॉकी का खेल बहुत देर से शुरू हुआ था, फिर भी आधुनिक हॉकी की पहल यहीं से मानी जाती है। कई अन्य खेलों की तरह हॉकी भी इंग्लैंड से भारत आई। यह खेल जरूर इंग्लैंड से भारत आया, पर हॉकी के खेल का प्रचार-प्रसार यहाँ सेना ने किया। भारत में 1919 में सेना खेल नियंत्रण परिषद् की स्थापना हुई, लेकिन इससे पहले 1885 में कलकत्ता में हॉकी क्लब की स्थापना हो चुकी थी, जबकि 1895 में बंगाल के कानूनी अनुस्मारक टी.डी. बेटन के नाम से पहली हॉकी प्रतियोगिता भी शुरू हो गई थी। उसी वर्ष बंबई में आगा खाँ कप प्रतियोगिता की शुरुआत हुई।

कलकत्ता का हॉकी में अत्यधिक योगदान है। देश का पहला हॉकी एसोसिएशन कलकत्ता में ही बंगाल हॉकी एसोसिएशन के नाम से 1908 में बना, जबकि दूसरा एसोसिएशन 1920 में कराची में सिंध हॉकी एसोसिएशन के नाम से बना। कलकत्ता के बाद हॉकी के केंद्र के रूप में बंबई और पंजाब उभरे। पहली राष्ट्रीय प्रतियोगिता भी कलकत्ता में 1928 में हुई। इसी के बाद एम्सटर्डम ओलंपिक 1928 के लिए चुनी जानेवाली टीम का चयन भी कलकत्ता में ही हुआ।

जैसे-जैसे यह खेल भारत में फैलता गया, इसके लिए एक नियंत्रक संस्था की आवश्यकता महसूस की जाने लगी। 7 नवंबर, 1925 को ग्वालियर में भारतीय हॉकी संघ की स्थापना हुई। इसमें सेना खेल नियंत्रण परिषद्, बंगाल, ग्वालियर, पंजाब, राजपूताना, दिल्ली, सिंध तथा पश्चिम भारत के प्रतिनिधियों ने भाग लिया। साथ ही इस बैठक में यह भी निर्णय हुआ कि जब तक भारतीय हॉकी संघ एक प्राणवान संस्था न बन जाए, तब तक इसका मुख्यालय ग्यालियर में ही रहेगा। भारतीय हॉकी संघ के पहले अध्यक्ष कर्नल ब्रुस टर्नबुल और सचिव एम.एस. अंसारी बने। भारतीय हॉकी संघ के गठन के बाद ग्वालियर, सिंध, पंजाब, राजपूताना, उत्तर प्रदेश, सेना खेल नियंत्रण परिषद् तथा दिल्ली ने इसकी सदस्यता ली।

सेना खेल नियंत्रण परिषद् ने ही पहली बार 1920 में हॉकी टीम को न्यूजीलैंड भेजा था। इस टीम में ध्यानचंद भी शामिल हुए थे। हॉकी टीम ही देश से बाहर जाकर खेलनेवाली पहली खेल टीम थी। पहला विश्व दौरा भी 1932 में हॉकी टीम ने ही किया था। 1928 में भारत अंतरराष्ट्रीय हॉकी संघ एफ.आई.एच. का सदस्य बना। भारत एफ.आई.एच. का पहला गैर-यूरोपीय सदस्य था।

भारतीय हॉकी संघ की अगुआई में हॉकी टीम ने सबसे पहले न्यूजीलैंड का दौरा किया। किसी भी खेल में यह भारतीय टीम का पहला दौरा था। वैसे यह टीम सेना के खिलाड़ियों से सजी-सँवरी थी। इस टीम में ध्यानचंद सरीखे खिलाड़ी शामिल थे। पहले ही विदेशी दौरे में भारतीय खिलाड़ियों ने अपने उत्कृष्ट खेल से दुनिया का ध्यान आकर्षित कर लिया। इसके बाद तो भारतीय हॉकी टीम ने सफलता का नया अध्याय लिखते हुए सारी दुनिया को अपने जादुई खेल से चमत्कृत कर दिया। 1908 लंदन में पहली बार हॉकी को शामिल किया गया। छह देशों ने पहली बार भाग लिया, जिसमें मेजबान इंग्लैंड चैंपियन बना। दूसरी बार यह ओलंपिक में 1920 एंटवर्प में खेली गई। तब भी स्थिति बहुत कुछ 1908 जैसी ही थी। इंग्लैंड ने बेल्जियम को 12-1 से और डेनमार्क को 0-1 से पराजित किया। यद्यपि फ्रांस अपनी टीम के सदस्यों की बीमारी की वजह से फाइनल नहीं खेल सका। फिर भी इंग्लैंड को स्वर्ण पदक से पुरस्कृत किया गया।

1928 के एम्सटर्डम ओलंपिक में प्रतियोगी देशों की संख्या 10 तक पहुँच गई। भारत ने पहली बार हिस्सा लिया, लेकिन इंग्लैंड हॉकी मैदान पर नहीं था, क्योंकि तब तक वह अंतरराष्ट्रीय हॉकी संघ का सदस्य नहीं बन सका था।

भारत ने पहली बार में ही न केवल स्वर्णिम सफलता दर्ज की, बल्कि उसने आगे चलकर नया इतिहास भी लिखा। 1928 से शुरू भारत का विजय-अभियान 1957 तक बदस्तूर जारी रहा। इस दौरान दुनिया हॉकी के जादूगर ध्यानचंद, रूप सिंह, बलबीर सिंह, किशन लाल, के.डी. सिंह 'बाबू' आदि का खेल देखकर अचंभित रह गई। 1928 से 1957 तक भारत ने लगातार छह ओलंपिक में अपनी विजयपताका फहराई। इस दौरान उसने सभी 24 मैच जीते और जहाँ 178 गोल किए, वहीं 7 ही खाए। यह भारतीय हॉकी का स्वर्णकाल था।

❑

हॉकी के जादूगर ध्यानचंद

भारतीय हॉकी ही नहीं, हॉकी की बात भी ध्यानचंद के बिना नहीं शुरू हो सकती है। दुनिया ने ध्यानचंद की तरह दूसरा नायाब खिलाड़ी देखा ही नहीं। यही वजह है कि उन्हें 'हॉकी के जादूगर' के खिताब से नवाजा गया है। कलात्मक हॉकी के तो वह सिरमौर थे, पर ताज्जुब की बात यह है कि हॉकी के जादूगर कहलानेवाले ध्यानचंद जब सोलह वर्ष की उम्र में सेना में भरती हुए थे, तब उन्हें हॉकी के प्रति जरा भी लगाव नहीं था। 29 अगस्त, 1905 को वे प्रयाग के राजपूत परिवार में जनमे थे। जन्म जरूर उनका प्रयाग में हुआ था, पर उनके बचपन में ही उनका परिवार झाँसी आ गया था और सोलह वर्ष की उम्र में वे सेना में भरती भी हो गए। तब भी उनके मन में हॉकी तो क्या, किसी भी खेल को लेकर आकर्षण नहीं था। ध्यानचंद को हॉकी खेलने के लिए प्रेरित करने का श्रेय उनकी रेजीमेंट के सूबेदार बाले तिवारी को जाता है। मेजर तिवारी हॉकी के खुद अच्छे खिलाड़ी थे। तिवारी जी ही उनके पहले हॉकी प्रशिक्षक और गुरु थे। उन्होंने ही किशोर ध्यानचंद की प्रतिभा को पहचाना। अकसर तिवारीजी उन्हें चाँदनी रात में हॉकी का अभ्यास कराते। सतत साधना, अभ्यास, लगन, संघर्ष और संकल्प के सहारे धीरे-धीरे ध्यानचंद हॉकी की दुनिया के महानतम खिलाड़ी बन बैठे।

ध्यानचंद का असली नाम ध्यान सिंह था। वे फौज में गए तो गोरे अंग्रेज अफसरों ने उन्हें ध्यानचंद के नाम से पुकारना शुरू किया। बस तभी से उनका यही नाम लोकप्रिय हो गया। ध्यानचंद ने अपनी विशिष्ट शैली से अपना ऐसा जादू बिखेरा कि तानाशाह हिटलर भी उनसे सम्मोहित हुए बिना नहीं रह सका। उनका गेंद पर नियंत्रण, डिब्लिंग और डॉज सबकुछ जादुई था। पर ताज्जुब की बात यह है कि

उनकी रुचि शुरू में हॉकी से अधिक कुश्ती में थी। शुरू में वे अपने साथी लड़कों के साथ पेड़ की टूटी डाल की हॉकी बनाकर खेलते थे।

ध्यानचंद भारतीय हाकी के महानायक थे। अपनी कलाकारी से उन्होंने भारतीय हॉकी को विश्व में एक नई पहचान दिलाई। हॉकी में आज भले ही हमारी कोई हैसियत नहीं रह गई है, लेकिन इस महान् खिलाड़ी की कलाकारी की छाप एक स्वर्णिम अतीत की धरोहर की मानिंद भारत के हॉकी प्रेमी के जेहन में ताजा है। ध्यानचंद सही मायनों में हॉकी के पहले और आखिरी 'लीजेंड' थे। उनके जैसा हॉकी कौशल पाने के लिए जो जिजीविषा, जीवट और साधना चाहिए वह मौजूदा पीढ़ी में जरा भी नजर नहीं आती है। ध्यानचंद को हॉकी में वही स्थान और सम्मान हासिल है, जो क्रिकेट में डॉन ब्रैडमैन को, फुटबॉल में पेले को, एथलेटिक्स में जेसी ओवंस को प्राप्त है। भारतीय हॉकी का गौरवपूर्ण इतिहास 1928 में एम्सटर्डम ओलंपिक से प्रारंभ होता है। इस गौरवमयी इतिहास के नायक निःसंदेह ध्यानचंद रहे हैं। भारत ने पहली बार जिस शानदार, जानदार खेल का परिचय दिया, उससे सारी दुनिया के हॉकी प्रेमी दंग रह गए। भारत अपने सभी चारों मैच आसानी से जीतते हुए फाइनल में जा पहुँचा था, जहाँ उसका मुकाबला मेजबान हॉलैंड से था, लेकिन भारतीय टीम के अधिकांश खिलाड़ी अस्वस्थ थे, इस कारण सभी परेशान थे। फिरोज खान, शौकत और खेर सिंह जहाँ बीमार थे, वहीं कप्तान जयपाल सिंह भी वहाँ मौजूद नहीं थे। ध्यानचंद ने उन दिनों को याद करते हुए कहा था कि मुझे भी काफी बुखार था, पर मेरे सामने खेलने के अलावा अन्य कोई चारा नहीं था। मैनेजर ने भी 'करो या मरो' का मंत्र दिया। देश की प्रतिष्ठा का सवाल था।

ध्यानचंद कहते हैं कि वह अपनी सारी शक्ति बटोरकर मैदान में उतरे थे। भारत ने यह मैच 3-0 से जीत लिया। इस जीत में ध्यानचंद के दो गोल थे। चार साल

अमेरिकी महिला ने जादूगर को चूमा

बात 1932 की है। जब भारतीय हॉकी टीम लॉस एंजेल्स ओलंपिक का स्वर्ण पदक जीतने के बाद हॉलीवुड और यूरोप के दौरे पर निकली थी। टीम ने हॉलीवुड में हास्य कलाकार चार्ली चैपलिन से भेंट की और उसके बाद घूमते-फिरते प्राग पहुँची। वहाँ ध्यानचंद को बताया गया कि उनकी एक युवा प्रशंसक उनके गाल चूमना चाहती है। यह सुन वह बिल्कुल नर्वस हो गए थे। बावजूद इसके उन्होंने युवती की इच्छा पूरी की। युवती ने ध्यानचंद का गाल चूमने से पहले कहा कि वे 'देवदूत' हैं।

बाद 1932 में लॉस एंजेल्स में ओलंपिक हुए। ध्यानचंद इस बार भी टीम में थे। तब तक वे अद्‌भुत सेंटर फॉरवर्ड के रूप में अपनी ख्याति बना चुके थे। उनकी खेल उपलब्धियों को देखते हुए ही उन्हें उस वक्त सेना में नायक बना दिया गया था। भारतीय टीम के लॉस एंजेल्स पहुँचने के पहले वहाँ के एक अखबार ने एक खबर निम्नलिखित शीर्षक के साथ छापी, ''हॉकी के सम्राट् आज पहुँच रहे हैं। उनके साथ उनकी अनेक पत्नियाँ भी हैं। टीम के साथ दो सिंह भी हैं।'' इस दौरे में भारत ने अनेक मैच ओलंपिक सहित खेले थे और कुल 272 गोल भारतीय खिलाड़ियों द्वारा दागे गए। इनमें से 101 गोल अकेले ध्यानचंद द्वारा किए गए थे। 1932 के लॉस एंजेल्स के हॉकी फाइनल में भारत ने अमेरिका को 24-1 से पीटकर रख दिया। इस पर एक अमेरिकी समाचार-पत्र ने लिखा था, ''भारतीय हॉकी टीम तो पूर्व से आया तूफान था। उसने अपने वेग से अमेरिकी टीम के 11 खिलाड़ियों को कुचल डाला।'' 1937 के बर्लिन ओलंपिक में तो भारतीय टीम ने उन्हीं की कप्तानी में अपनी स्वर्णिम यात्रा जारी रखी। वे एक महान् खिलाड़ी ही नहीं थे, बल्कि उनमें खेल-भावना भी कूट-

ध्यानचंद ब्रिटेन में सम्मानित

भले ही हॉकी के जादूगर मेजर ध्यानचंद का भारत रत्न बनना स्वप्न सरीखा लग रहा है, लेकिन उन्हें सात समंदर पार ब्रिटिश संसद् के हाउस ऑफ कॉमंस में 25 जुलाई, 2015 को भारत गौरव पुरस्कार से 'संस्कृति' संस्था द्वारा सम्मानित किया गया। यह पुरस्कार उनके सुपुत्र अशोक कुमार ने ग्रहण किया। अशोक ने कहा कि दद्दा को अपने ही देश में उपेक्षा का शिकार होना पड़ रहा है, जबकि 2012 के लंदन ओलंपिक के दौरान

'डॉन' बोले रनों की तरह गोल दागते हैं ध्यानचंद

हॉकी के जादूगर ध्यानचंद का खेल क्रिकेट के 'डॉन' ने यद्यपि सिर्फ एक बार ही देखा था, लेकिन पहली बार ही 'डॉन' ब्रैडमैन के मुँह से निकल पड़ा था कि वे तो रनों की तरह गोल बनाते हैं। ध्यानचंद पहले भारतीय खिलाड़ी थे जिन्होंने दुनिया का ध्यान अपनी तरफ खींचा था। बल्लेबाजी के बादशाह ब्रैडमैन भी इससे अछूते नहीं रहे। आलम यह था कि स्वयं ब्रैडमैन हॉकी के जादूगर से न केवल मिलना चाहते थे, बल्कि उनको खेलते हुए भी देखना चाहते थे।

उल्लेखनीय है कि भारतीय टीम 1937 के ओलंपिक से पहले ऑस्ट्रेलिया और न्यूजीलैंड के दौरे पर गई थी। इस दौरान उसे एक मैच 2 मई, 1935 को एडिलेड में खेलना था। एडिलेड ब्रैडमैन का शहर है। इसलिए भारतीय टीम के तत्कालीन मैनेजर पंकज गुप्ता ने लॉर्ड मेयर के सहयोग से अपने-अपने खेलों के इन दो दिग्गजों की मुलाकात तय करवा दी। यहाँ खेले गए मैच में भारतीय टीम ने दक्षिण ऑस्ट्रेलिया की टीम को 10-0 से रौंद दिया। ब्रैडमैन ने इससे पहले हॉकी का मैच नहीं देखा था। ध्यानचंद का खेल देखकर तो वे दंग रह गए। मैच के बाद जब वे ध्यानचंद से मिले तो उन्होंने कहा कि क्रिकेट में जिस तरह से रन बनते हैं, आप हॉकी में उस तरह से गोल करते हैं। दद्दा ध्यानचंद ने भी इस मुलाकात को यादगार बताया।

कूटकर भरी हुई थी। उनकी महानता और अनुशासन प्रियता का अंदाजा 1933 में रावलपिंडी में हुए मैच से लगाया जा सकता है। यह मैच 14 पंजाब रेजीमेंट की टीम जिसमें ध्यानचंद भी शामिल थे तथा सैबर्स ऐंड माइन्र्स टीम के मध्य खेला गया। ध्यानचंद ने अपने तेज-तर्रार और आक्रमक खेल से विरोधी टीम की नाक में दम कर रखा था। इसी के चलते विरोधी टीम के सेंटर हाफ ने जान-बूझकर ध्यानचंद के चेहरे पर स्टिक मार दी। चोट नाक पर लगी, जिससे खेल तुरंत रोक दिया गया। प्राथमिक उपचार के बाद ध्यानचंद फिर मैदान में उतरे। उनके मन में उक्त खिलाड़ी के प्रति कोई आक्रोश नहीं था। उन्होंने हॉकी मारनेवाले खिलाड़ी की पीठ थपथपाई और कहा भाई जरा ध्यान से खेलना, जिससे दुबारा चोट न लगे। इसके बाद उन्होंने और तीव्र गति से खेलते हुए एक के बाद एक 6 गोल विरोधी टीम पर दाग दिए। वे हॉकी ग्राउंड में होनेवाली हलचल और हरकत का अंदाज बाहर बैठकर ही लगा लेते थे।

बात 1973 की है। आगरा में ध्यानचंद हॉकी प्रतियोगिता का अंतिम दौर

पद्मभूषण से अलंकृत ध्यानचंद पर एक स्मारक टिकट उनकी मृत्यु के एक वर्ष बाद 3 दिसंबर, 1980 को जारी किया गया था। 35 पैसे मूल्य का यह टिकट ताँबई रंग में छपा था।

था। ध्यानचंद आँखों का ऑपरेशन कराए बैठे थे। फाइनल के दिन वे डॉक्टरों के मना करने के बावजूद मैदान में जा पहुँचे। किसी ने पूछा, "दद्दा! आपको ठीक से दिखाई नहीं देता फिर मैच देखने क्यों आए हैं?" इस पर वे बोले, "हाँ मुझें वैसे तो दस गज से ज्यादा दूरी पर कुछ दिखाई नहीं देता, लेकिन दर्शकों की हलचल, उनके तालियाँ बजाने के अंदाज और उनकी हरकतों से मुझे गेंद के हर मूवमेंट का पता चल जाता है।" तभी तो किसी ने कहा था कि हॉकी के खेल में जो सर्वोत्तम है, वह भारत के पास है और हॉकी में जो सर्वोत्तम है, वह ध्यानचंद के पास है। हॉकी के खिलाड़ी, कप्तान और कोच की भूमिका में वे 1959 तक सक्रिय रहे। विश्वयुद्ध छिड़ जाने के कारण 1940 और 1944 में ओलंपिक नहीं हुए। इस कारण दद्दा का खेल जीवन एक तरह से सिमट गया। वैसे दद्दा ने इसके बाद खेलना ही छोड़ दिया। तब वे 40 साल के रहे होंगे। इसके बाद वे कई बार भारतीय टीम के साथ मैनेजर और प्रशिक्षक बनकर विदेश गए। दद्दा ने हॉकी पर 'गोल' नाम से एक किताब भी लिखी है।

ऑस्ट्रिया की राजधानी विएना के एक क्लब में ध्यानचंद की एक चार हाथवाली मूर्ति लगी है। चारों हाथों में स्टिकें हैं—सही ही तो है, उन बेचारों की समझ में ही नहीं आता था कि केवल दो हाथ से कैसे कोई व्यक्ति गेंद पर इस कदर नियंत्रण रख सकता है।

लीवर कैंसर के कारण 3 दिसंबर, 1979 को उनका निधन दिल्ली के एम्स में हो गया। उनकी मौत के बाद उनका परिवार चाहता था कि उनके नाम पर हॉकी दिवस होना चाहिए, लेकिन तब शिव कुमार वर्मा ने खेल-दिवस मनाने का विचार दिया। पूर्व सांसद विश्वनाथ शर्मा की अध्यक्षता में हुई एक बैठक में इस पर अंतिम मुहर लगी। दद्दा की स्मृति को बरकरार रखने के लिए उनके जन्मदिन 29 अगस्त

को 'खेल-दिवस' के रूप में मनाया जाता है। उन्हें भारत रत्न दिए जाने की माँग लगातार होती रही है, पर अभी तक हॉकी के जादूगर को यह सम्मान नहीं मिला है।

पिता ने माँग अनसुनी की

ब्रैडमैन के अलावा इंग्लैंड के पूर्व कप्तान डगलस जार्डिन, भारतीय कप्तान महाराज कुमार ऑफ विजयनगरम यानी विज्जी और इतिखार अली पटौदी ध्यानचंद के पिता सोमेश्वर दत्त ब्रिटिश सेना में सूबेदार थे। एक बार वे ध्यानचंद के साथ हॉकी मैच देख रहे थे। उस समय ध्यानचंद ने अपने पिता से हॉकी स्टिक की माँग की। पिता ध्यानचंद के बाल मन को समझ नहीं सके और उनकी माँग को अनसुना कर दिया। मैच में हार रहे रेजीमेंट का अंग्रेज अधिकारी पिता-पुत्र के संवाद को सुन चुका था। उसी ने ध्यानचंद को खेलने का मौका दिया। बिना किसी प्रशिक्षण और अभ्यास के उस मैच में बालक ध्यानचंद ने 4 गोल करके हार को जीत में बदल दिया। ध्यानचंद की प्रतिभा से अभिभूत अंग्रेज अधिकारी ने तत्काल 'बच्चा पल्टन' में ध्यानचंद को शामिल कर लिया। वहीं से देश में सिर्फ एक बार ही मैं हॉकी के जादूगर से मिल पाया पर दुर्भाग्य से वह उस वक्त ऑल इंडिया मेडिकल इंस्टीट्यूट में मृत्यु-शैया पर पड़े हुए थे। मेरी उनसे कोई बात तो नहीं हुए, लेकिन उनकी चिकित्सीय दुर्दशा देखकर मैं इतना आहत हुआ था कि मैंने हिंदी समाचार एजेंसी 'समाचार भारती' में सारी बात लिख दी थी। देश के अखबारों में यह खबर प्रमुखता से छपी भी थी। मुझे गर्व है कि मैंने जो लिखा था, उसके बाद ही दद्दा की बेहतर ढंग से चिकित्सा होने लगी। इस बात को उनके बेटे अशोक कुमार ने भी मीडिया के समक्ष कबूला था कि एक पत्रकार के लिखने के बाद ही दद्दा की चिकित्सा अच्छे ढंग से होने लगी। यह अलग बात है कि दद्दा बचाए नहीं जा सके।

एक बात अशोक कुमार के बारे में भी कहनी है कि उन्होंने एक रहस्योद्घाटन यह किया कि दद्दा को हिटलर ने अपनी सेना में जनरल बनाने की पेशकश कभी नहीं की थी। अगर यह बात सही है तो अशोक कुमार को यह सच बहुत पहले उजागर कर देना चाहिए था। अशोक कुमार दद्दा के जन्मदिन 29 अगस्त को 'खेल-दिवस' के रूप में घोषित किए जाने से खुश हैं। देर से ही सही भारत सरकार ने दद्दा के जन्मदिन को 'खेल-दिवस' घोषित कर उन्हें सच्ची श्रद्धांजलि दी है।

❑

रूप सिंह को देश से पहले विदेश में सम्मान प्राप्त हुआ

इससे बड़ी त्रासदी और दु:खभरी बात क्या हो सकती है कि हम अपने ही खिलाड़ियों का मान-सम्मान व आदर न करें और विदेशी इस मामले में बाजी मार ले जाएँ। बात हॉकी के दिग्गज खिलाड़ी रूप सिंह की है। छत्तीस साल पहले लॉस एंजेल्स 1937 में रूप सिंह अपने बड़े भाई हॉकी के जादूगर ध्यानचंद के साथ खेले थे और दोनों ही भाइयों ने 11-11 गोल करके भारत को स्वर्णिम विजय दिलाने में अहम भूमिका निभाई थी।

दोनों भाइयों के खेल से जर्मनवासी इतने ज्यादा प्रभावित हुए थे कि जब 1972 में म्यूनिख में ओलंपिक का आयोजन हुआ तो वे रूप सिंह का नाम और खेल नहीं भूले। यही वजह है कि म्यूनिख ओलंपिक में खेल गाँव के 22 मार्गों का नामकरण खेल जगत् की जिन मशहूर हस्तियों के नामों से किया गया, उनमें से एक मार्ग का नाम रूप सिंह मार्ग भी रखा गया था। यहाँ यह विचारणीय नहीं है कि वहाँ बर्लिन ओलंपिक में किस खिलाड़ी ने कितने गोल दागे, बल्कि बात यह है कि एक भारतीय खिलाड़ी द्वारा 37 साल पहले जर्मनी में किए गए प्रदर्शन को जर्मनवासियों ने 1972 में भी याद रखा था और उनका मान-सम्मान करने से नहीं चूके थे, लेकिन वहीं रूप सिंह अपने ही देश में उपेक्षित बनकर रह गए थे। यह जरूर है कि जर्मनवासियों की देखा-देखी ग्वालियर के लोगों ने उनके नाम से एक स्टेडियम का नामकरण किया। अखिल भारतीय सिंधिया स्वर्ण

दो दिग्गज साथ-साथ : ध्यानचंद और रूपसिंह

कप हॉकी प्रतियोगिता के आयोजकों और संयोजकों ने ग्वालियर कॉर्पोरेशन स्टेडियम का नाम बदलकर कैप्टन रूप सिंह स्टेडियम कर दिया। रूप सिंह का अखिल भारतीय सिंधिया कप हॉकी प्रतियोगिता से गहरा और पुराना संबंध रहा।

रूप सिंह को देश से पहले विदेश में सम्मान प्राप्त हुआ। वे ग्वालियर में लंबे समय तक रहे।

भले ही रूप सिंह के बड़े भाई ध्यानचंद का जन्म इलाहाबाद में हुआ था, पर उनकी प्रारंभिक शिक्षा बैप्टिस्ट मिशन शाला, आगरा में हुई। इसके बाद उन्होंने साथ-साथ झाँसी के हीरोज क्लब के लिए भी काफी खेला और ख्याति अर्जित की। रूप सिंह को अपने पिता सोमेश्वर दत्त और चाचा राम सुंदर सिंह से भी बहुत प्रोत्साहन मिला। वे 1931 में भारतीय टीम में शामिल किए गए। बर्लिन ओलंपिक के लिए भारतीय टीम के गठन हेतु उन्हें उत्तर प्रदेश से आमंत्रित किया गया।

ध्यानचंद का चयन तो सेंटर फॉरवर्ड के रूप में आसानी से हो गया था, पर लेट इन पोजीशन के लिए रूप सिंह को काफी मशक्कत करनी पड़ी, क्योंकि इस पोजीशन के लिए और भी दावेदार थे, लेकिन अपनी विलक्षण प्रतिभा के बल पर उन्हें भारतीय टीम में प्रवेश मिलना ही था।

यहीं से दोनों भाइयों ने भारतीय टीम को अपनी सेवाएँ देना प्रारंभ किया। 1932 से लेकर 1944 तक यह 'युगल जोड़ी' विश्व हॉकी के पटल पर छाई रही। 1932 में रूप सिंह पहली बार लॉस एंजेल्स ओलंपिक में इन साइड लेट पोजीशन पर खेले। इस ओलंपिक में भारत ने अमेरिका को 24-1 से रौंद डाला था। ओलंपिक में किसी एक टीम द्वारा दागे गए सर्वाधिक गोलों का जहाँ एक रिकॉर्ड तो है ही, साथ ही इस मैच में रूप सिंह ने अकेले पूरे एक दर्जन गोल

किए थे। यह भी अपने आप में एक रिकॉर्ड है। इस ओलंपिक से पहले वे भारतीय टीम के साथ श्रीलंका, सिंगापुर, हांगकांग, जापान आदि देशों में भी गए और भारतीय टीम सभी स्थानों पर विजयी रही। टोक्यो में आयोजित मैच में भारतीय स्वतंत्रता के अमर सेनानी रास बिहारी बोस और हरदयाल भारतीय खिलाड़ियों के खेल से इतने प्रभावित होकर अभिभूत हो उठे कि उन्होंने तिरंगा झंडा लहरा दिया। वे इसके बाद 1935 में श्रीलंका, ऑस्ट्रेलिया और न्यूजीलैंड के दौरे पर गए। इस दौरान भारतीय टीम ने 49 मैचों से दो दिग्गज साथ-साथः ध्यानचंद और रूप सिंह कुल 570 गोल बनाए थे। इसमें से रूप सिंह ने अकेले 187 गोल दागे थे। उनसे ज्यादा गोल करनेवाले उनके भाई हॉकी के जादूगर ध्यानचंद थे। ध्यानचंद के गोलों की संख्या 201 थी। वे 1937 के बर्लिन ओलंपिक में भी खेले। फाइनल में भारत का मुकाबला जर्मनी से हुआ और पहला गोल रूप सिंह ने ही 32वें मिनट में किया था। वैसे भारत ने यह मुकाबला 8-1 से जीता। रूप सिंह ने कुल दो गोल किए।

रूप सिंह भारतीय टीम में यू.पी. से चुने गए थे। 1944 में भी उन्हें भारतीय टीम में शामिल किया गया था, लेकिन महायुद्ध के कारण ओलंपिक का आयोजन ही नहीं हुआ था। कुछ लोग तो रूप सिंह को ध्यानचंद से बेहतर खिलाड़ी मानते हैं। यह बात भले ही सच न हो, लेकिन रूप सिंह अपने बड़े भाई की बड़ी इज्जत करते थे। वे सेना में कैप्टन भी बन गए थे। इसके बाद भारतीय हॉकी टीम की चयन समिति के सदस्य भी बने। उन्होंने एन.एस. पटियाला में भारतीय टीम को प्रशिक्षण भी दिया। प्रशिक्षण के मामले में वे कितने कठोर थे, इसका अंदाजा इसी बात से हो जाता है कि उन्होंने अपने भतीजे अशोक कुमार को भी नहीं बख्शा। एकाध अवसरों पर उन्होंने अशोक कुमार के बारे में कहा था कि क्या पतली-पतली टाँगें लिये खेलते हो, पहले थोड़ा तगड़ा बनो। भले ही आर्थिक दृष्टि से वे मजबूत नहीं थे, पर वे संतुष्ट जरूर थे, लेकिन उन्होंने अपने चार लड़कों में से किसी को भी हॉकी नहीं सिखाई, क्योंकि वे हॉकी की दुर्दशा से परिचित थे। वे जानते थे कि हॉकी खेलकर उन्हें कुछ नहीं मिला।

भारतीय हॉकी के इस अद्‌भुत सितारे का देहांत 10 दिसंबर, 1977 को हृदय गति रुक जाने से हो गया।

रूप सिंह के भतीजे ओलंपियन अशोक कुमार के अनुसार चाचाजी कई वर्षों तक महाराजा सिंधिया के ए.डी.सी. रहे। चाचाजी इंटर तक झाँसी में ही पढ़े। बाद में सिंधिया की नौकरी में ग्वालियर चले गए। झाँसी में ही दोनों ने मिलकर 'झाँसी

हीरोज क्लब' बनाया था, जिसके नाम का डंका सारे देश में बजता था। एक छोटा सा मैदान घर के सामने था। वहीं उन्होंने हॉकी में महारत और सोहरत हासिल की और फिर सब कुछ छोड़कर उसी मैदान में अपनी जीवन यात्रा भी पूरी की। वहीं उनका अंतिम संस्कार हुआ।

❑

निश्चल व सरल किशन लाल

बचपन में एक बार किशन लाल की महू (म.प्र.) में एक मिठाईवाले से तकरार हो गई थी। दरअसल उन्होंने मिठाईवाले से एक समोसा माँगा। दुकानदार ने उन्हें यूँ ही पकड़ाना चाहा। यह उन्हें नागवार गुजरा। जब उन्होंने दुकानदार से समोसे को दोने में देने को कहा तो दुकानदार ने पलटते ही कह डाला कि क्या तुम कोई राजा-महाराजा के बेटे हो, जो तुम्हें सजाकर दें। इस पर किशन लाल ने भी तत्काल जवाब दिया कि मैं किसी राजा-महाराजा का बेटा तो नहीं हूँ, लेकिन एक दिन ऐसा आएगा, जब मैं राजा के साथ ही भोजन करूँगा।

किशन लाल की यह बात उस समय डींग मारनेवाली लग रही थी, लेकिन एक दिन ऐसा आया कि जब सचमुच उन्होंने इंग्लैंड के राजा के साथ 'रात्रि भोज' किया। यह ऐतिहासिक एवं स्वर्णिम अवसर इस वजह से आया, क्योंकि लंदन ओलंपिक 1948 में भारत ने फाइनल में ब्रिटेन को हराकर हॉकी का स्वर्ण पदक जीता था।

वैसे तो ओलंपिक में भारत लंदन से पहले भी हॉकी में स्वर्ण पदक जीतता आ रहा था, लेकिन इस बार का स्वर्ण पदक बेहद खास था, क्योंकि 1947 में स्वतंत्रता के बाद भारत का एक आजाद देश के रूप में यह पहली स्वर्णिम सफलता थी। सबसे सुखद और काबिल-ए-तारीफ बात यह है कि इस विजेता भारतीय टीम के कप्तान कोई और नहीं स्वयं किशन लाल ही थे। जबकि भारत विभाजन के चलते कई नामी-गिरामी खिलाड़ी पाकिस्तान चले गए थे। इसके चलते भारत के पुनः विजेता बनने को लेकर बहुतों के मन में संदेह था। भारतीय टीम में लगभग सभी नए और होनहार खिलाड़ी ही बचे थे। उधर पाकिस्तान टीम पूरी आशा और आत्मविश्वास के साथ लंदन पहुँची थी। शायद इसीलिए पाकिस्तान के प्रशिक्षक

और मैनेजर दारा ने कहा था कि प्रतियोगिता में भारत और पाकिस्तान का मुकाबला फाइनल से पहले नहीं होना चाहिए। शायद वह भारत को हराने के इरादे से पहुँचे थे, लेकिन हुआ बिल्कुल उलटा, क्योंकि पाकिस्तान की टीम इंग्लैंड से ही हार गई। बहुतों को किशन लाल के नेतृत्व वाली हॉकी टीम पर भरोसा नहीं था, लेकिन उन्होंने बाबू और मैनेजर पंकज गुप्ता के साथ बैठकर जो रणनीति बनाई, वह पूरी तरह सफल रही। जब वेंबले स्टेडियम में किशन लाल ने विजय मंच पर खड़े होकर भारत का तिरंगा ब्रिटिश भूमि पर फहराते देखा तो उनका ही क्या, सारे भारतीयों का दिल खुशी और गर्व से ऊँचा हो उठा।

एक स्वतंत्र राष्ट्र के रूप में पहली बार लंदन में विजय-पताका फहराने के बाद हॉकी टीम जब स्वदेश लौटी तो टीम का हर कहीं वीरोचित स्वागत एवं सम्मान हुआ। लंदन में जहाँ हाई कमिश्नर वी.के. कृष्ण मेनन ने लंदन हाउस में टीम का आधिकारिक स्वागत समारोह किया तो वहीं पानी के जहाज से बंबई आने पर बंदरगाह पर लाल कालीन बिछाकार टीम का स्वागत हुआ, जबकि दिल्ली में राष्ट्रपति राजेंद्र प्रसाद और प्रधानमंत्री जवाहरलाल नेहरू ओलंपिक विजेता टीम के साथ खेले गए एक नुमाइशी मैच को देखने के लिए नेशनल स्टेडियम में मौजूद थे।

लंदन ओलंपिक में भारतीय टीम की विजय में किशन लाल और के.डी. सिंह 'बाबू' की जोड़ी का अहम रोल था। कप्तान किशन लाल जहाँ राइट आउट की पोजीशन पर थे तो वहीं उप कप्तान 'बाबू' राइट इन की पोजीशन पर थे। इन दोनों का जोड़ बेजोड़ था। वैसा जोड़ भारतीय हॉकी में फिर नहीं दिखाई पड़ा। खेल के मैदान में किशन और बाबू एक-दूसरे के मन की बात जानने में जुड़वे भाइयों जैसे

किशन लाल को मलाल

अपनी कप्तानी में किशन लाल ने भले ही लंदन ओलंपिक में भारत को स्वर्ण पदक दिलाने में सफलता हासिल की, लेकिन हॉकी के इस 'दादा' को ताउम्र यह मलाल रहा कि वे 21 वर्षों तक राष्ट्रीय हॉकी प्रतियोगिता में खेलने के बावजूद कभी भी खिताबी जीत दर्ज करनेवाले टीम के सदस्य नहीं रहे, जबकि 1935 से 1957 तक मध्य भारत, बंबई और भारतीय रेलवे की टीमों का प्रतिनिधित्व किया, लेकिन इस दौरान ये टीमें कभी भी राष्ट्रीय हॉकी चैंपियन बनने का गौरव हासिल नहीं कर सकीं।

वर्तमान में शायद ही कोई खिलाड़ी ऐसा मिले, जो स्वर्गीय किशन लाल के समान राष्ट्रीय चैंपियन टीम का सदस्य होने का सपना सँजोए मिले।

थे। किशन जानते थे कि बाबू कहाँ गेंद बढ़ाएँगे और बाबू को यह बखूबी पता होता था कि किशन अब क्या करनेवाले हैं।

अगले ओलंपिक 1952 में भी किशन लाल बखूबी खेल सकते थे, लेकिन उन्होंने एक सच्चे और अच्छे खिलाड़ी की खेल-भावना का परिचय देते हुए ट्रायल मैचों से दूर रहे, ताकि बाबू को आसानी से कप्तान बनाया जा सके। लेकिन वहीं एक बात यह भी सामने आती रही कि सीधे, सरल और निश्चल किशन लाल राजनीति का शिकार हुए। कहा यह जाता है कि 1952 के हेलंसिकी ओलंपिक के लिए अंतिम चयन परीक्षण के दौरान बाबू ने एक चाल चली। उन्होंने किशन लाल से अनुरोध किया कि लेट हॉफ डॉ. लुज को परीक्षण का अवसर दिया जाए, क्योंकि उन्हें टीम में शामिल करने के लिए काफी दबाव है। किशन लाल ने उन्हें अवसर दे दिया। उधर यह अफवाह फैलाई गई कि किशन लाल की आँख में तकलीफ है और उन्हें गेंद देर से दिखाई पड़ती है। इसकी वजह से किशन लाल को टीम से हटा दिया गया और बाबू आसानी से कप्तान बन गए।

भले ही 1952 का ओलंपिक वे नहीं खेल पाए, लेकिन वे 1948 से पहले ही ओलंपिक खेलने में सक्षम थे। उनका ओलंपिक में खेलने का सपना 1940 में ही पूरा हो जाता। टीम में उनका चयन भी हो गया था, लेकिन द्वितीय-विश्वयुद्ध के चलते 1940 और 1944 के दो ओलंपिक नहीं हो सके।

यद्यपि उनके खाते में एक ही ओलंपिक है, लेकिन वे न केवल भारतीय हॉकी की, बल्कि विश्व हॉकी की भी अमूल्य धरोहर हैं। उन्हें हॉकी इतिहास का महानतम राइट विंगर माना जाता है। भारत में तो उन जैसा कलेवर वाला दूसरा कोई राइट आउट आज तक नजर नहीं आया। उन्हें विंग पोजीशन का सर्वाधिक तेज खिलाड़ी माना जाता था। एक बार जब उनके पास गेंद आ जाती थी तो वे गेंद को गोल पोजीशन तक पहुँचाने में कोई चूक नहीं करते थे। जब सभी यह आशा करते थे कि वे अब गोल कर ही देंगे, तभी वे अचानक गेंद को अपने साथी इन साइड फॉरवर्ड या फिर सेंटर फॉरवर्ड को फिनिशिंग टच के लिए बढ़ा देते थे। वे

विंग के लाजवाब खिलाड़ी थे। शायद इसीलिए उस वक्त ओमान के हॉकी कोच एवं ओमान ओलंपिक कमेटी के तकनीकी सलाहकार एस.एस. नकवी ने जब एक बार महानतम विश्व एकादश हॉकी टीम बनाई थी तो उसमें उन्होंने किशन लाल को राइट विंगर के रूप में पहली जगह दी थी।

किशन लाल भी महू में जन्मे जहाँ 'रॉक ऑफ जिबराल्टर' शंकर लक्ष्मण की पैदाइश हुई थी। शुरू में उनका रुझान पोलो की तरफ जरूर था, लेकिन जल्द ही वे हॉकी से जुड़ गए। 14 साल की उम्र से उन्होंने हॉकी खेलना शुरू किया और 1933 में जब वे 16 साल के थे तो महू हीरोज, महू ग्रीन वाल्स और कल्याणमल मिल्स इंदौर के लिए खेले। 1937 में वे झाँसी हीरोज में ध्यानचंद के साथ भी खेले। उन्होंने टीकमगढ़ राज्य के महाराजा वीर सिंह जू देव को अपने खेल से इस कदर प्रभावित किया कि उन्हें टीकमगढ़ के भगवंत क्लब में शामिल कर लिया गया। 1941 में उन्होंने बी.बी. ऐंड सी.आई. रेलवे जो आज वेस्टर्न रेलवे कहलाता है, में शामिल हो गए। 1942 से 1948 तक वे राष्ट्रीय हॉकी में बंबई 'मुंबई' की ओर से खेले। 1945 में बंबई टीम के कप्तान भी थे। 1949 से 1957 तक राष्ट्रीय हॉकी में रेलवे का प्रतिनिधित्व किया। 1956 में रेलवे टीम के कप्तान भी रहे। 1947 में उन्हें भारतीय हॉकी टीम में शामिल किया गया और वे ध्यानचंद के नेतृत्व में पूर्वी अफ्रीका के दौरे पर गए।

बतौर एक खिलाड़ी 28 वर्षों की लंबी अवधि तक अपनी विशिष्ट पहचान बनानेवाले किशन लाल इसके बाद एक प्रशिक्षक बन गए और 1976 तक यह उत्तरदायित्व बखूबी निभाते रहे। इस बीच उन्हें 1964 में मलेशिया और 1968 में पूर्वी जर्मनी से प्रशिक्षण का निमंत्रण भी मिला। रेलवे की टीम को सँवारने में अपना पूरा जीवन लगा दिया। उनके प्रशिक्षण का ही कमाल था कि रेलवे लंबे अरसे तक राष्ट्रीय हॉकी के परिदृश्य पर हावी रहा। उनके निर्देशन में बलबीर सिंह, हरबिंदर सिंह, पथीपाल सिंह और मोहिंदर सिंह जैसे कद्दावर खिलाड़ी देश को मिले। वे बंबई हॉकी एसोसिएशन के सचिव और कोषाध्यक्ष 25 वर्षों तक रहे। महाराष्ट्र ओलंपिक एसोसिएशन के उपाध्यक्ष का पद भी सँभाला। वे नौ वर्षों तक भारती हॉकी संघ के सेक्रेटरी जनरल भी थे।

'छादा' के नाम से चर्चित किशन लाल को भारत सरकार ने 1966 में पद्मश्री पुरस्कार से सम्मानित किया। 63 वर्ष की उम्र में उनका निधन 23 जून, 1980 को मद्रास में हो गया।

❑

'बबू' जैसा सदाबहार कोई नहीं

आपसी सद्भाव और भाईचारे का प्रतीक देवाँ मेले के साथ ही अफीम की खेती के लिए चर्चित बाराबंकी जिले में हॉकी के सदाबहार खिलाड़ी 'बाबू' यानी कुँवर दिग्विजय सिंह 'बाबू' ने जन्म लिया। बाबू को ध्यानचंद युग के बाद का सर्वश्रेष्ठ राइट इन माना जाता है। सदाबहार खिलाड़ी उन्हें कहना इसलिए सर्वाधिक उपयुक्त होगा, क्योंकि उन्होंने हॉकी की सेवा केवल एक खिलाड़ी के रूप में ही नहीं की, बल्कि प्रशिक्षक के रूप में भी उनका योगदान अमूल्य है। 1958 में उन्हें हॉकी जगत में की गई उल्लेखनीय सेवाओं के लिए पद्मश्री से सम्मानित किया गया। बाद में 1952 में विश्व के सर्वश्रेष्ठ खिलाड़ी के रूप में उन्हें 'हेलम्स पुरस्कार' से भी नवाजा गया। यह पुरस्कार पानेवाले वे पहले एशियाई खिलाड़ी थे।

देश का सर्वश्रेष्ठ राइट इन कहलानेवाले बाबू ने यद्यपि अपना पहला हॉकी मैच लेट हाफ की पोजीशन से खेला था, पर बाद में लखन यंग मेंस एसोसिएशन एल.वाई.ए. में 1938 में खेलना प्रारंभ करने पर प्रशिक्षक मुस्फिक उज्जयन ने उन्हें राइट इन पोजीशन से खेलने का सुझाव दिया था। यह सुझाव उनके बड़ा काम आया। वे केवल भारतीय हॉकी के ही आज तक के सर्वश्रेष्ठ राइट इन नहीं कहलाए, बल्कि उन्हें दुनिया के सर्वश्रेष्ठ राइट इन के रूप में भी ख्याति मिली। वे दो ओलंपिक में खेले। 1948 में उन्हें उप कप्तान के रूप में लंदन ओलंपिक के लिए भारतीय टीम में जगह मिली थी, जबकि 1952 के हेलसिंकी ओलंपिक में भारतीय टीम उन्हीं के नेतृत्व में खेली और स्वर्णिम सफलता बरकरार रखने में सफल रही। पद्मश्री किशन लाल के साथ बाबू का तालमेल अद्वितीय रहा। किशन

राइट आउट की पोजीशन से खेलते थे। किशन लाल और बाबू का राइट आउट और राइट इन के रूप में तालमेल बेजोड़ था, वैसा जोड़ भारतीय हॉकी में फिर कभी नहीं दिखाई पड़ा। बाबू को आगे बढ़ाने में किशन लाल का भी बहुत योगदान है।

2 फरवरी, 1922 को बाराबंकी में एक खेल प्रेमी परिवार में उनका जन्म हुआ था। पिता स्वर्गीय राय बहादुर रघुनाथ सिंह टेनिस के विशेष शौकीन थे। बाबू ने अपना पहला हॉकी मैच देवाँ हॉकी प्रतियोगिता में खेला था। तब से 1959 तक निरंतर सक्रिय हॉकी से जुड़े रहे, पर बाबू को केवल हॉकी खिलाड़ी के रूप में नहीं देखा जा सकता है। वे तो बहुमुखी प्रतिभा के धनी थे। क्रिकेट में भी सैकड़ा जड़ने वाले खिलाड़ी रहे तो शिकार के भी बेहद शौकीन थे। टेनिस भी वे अच्छा खेलते थे। खाना बनाने और खिलाने में भी उनका कोई जवाब नहीं था। कॉलेज के दिनों से ही वे हॉकी खेलने लग गए थे और पहली बार उन्हें उत्तर प्रदेश की टीम में 1939-40 में चुना गया था। 1946-47 में वे भारतीय टीम के सदस्य बने थे। बाबू की ड्रिब्लिंग, गेंद नियंत्रण और सूझ-बूझ आज के दर्शकों के लिए ही नहीं, बल्कि खिलाड़ियों के लिए भी स्वप्न-समान है। वे गेंद को इतने कलात्मक और आकर्षक ढंग से लेकर आगे बढ़ते थे कि दर्शक अनायास वाह-वाह कर उठते थे।

उन्होंने उत्तर प्रदेश के बाहर अपना पहला हॉकी मैच 1938 में दिल्ली में

हॉकी जगत् में जादूगर ध्यानचंद के बाद के.डी. सिंह 'बाबू' का ही नाम लिया जाता है। वे अपनी गजब की स्टिक वर्क से विपक्षी खिलाड़ी को सम्मोहित कर देते थे। सक्रिय हॉकी खिलाड़ी के बाद वे खेल प्रशासक बने। 1956-57 में जब उत्तर प्रदेश स्पोर्ट्स काउंसिल की स्थापना हुई तो उन्हें संगठन सचिव नियुक्त किया गया। उन्होंने अपने अथक प्रयासों से 1974 में उत्तर प्रदेश खेल निदेशालय स्थापित करवाने में अहम भूमिका निभाई। वे इसके दूसरे खेल निदेशक बने। उन्हीं के प्रयासों से हॉकी के सघन प्रशिक्षण के लिए 1972 में लखनऊ छात्रावास स्थापित किया गया। उन्होंने खुद युवा प्रतिभाओं को निखारने का काम किया। 1976 के मांट्रियल ओलंपिक में इस छात्रावास के सैयद अली ने भारत का प्रतिनिधित्व कर छात्रावास की गरिमा बढ़ा दी। इस छात्रावास के परिणाम को देखते हुए अन्य नगरों में भी छात्रावास स्थापित किए गए। एक समय ऐसा भी आया कि भारतीय हॉकी टीम के छह सदस्य इन्हीं छात्रावासों के खिलाड़ी थे। इन खेल छात्रावासों से लगभग 70 पुरुष व महिला खिलाड़ी भारतीय हॉकी टीम में चयनित हुए।

हॉकी का उत्कृष्ट खिलाड़ी होने के अलावा वे अन्य गतिविधियों में भी शामिल रहे। वे अखिल भारतीय खेल परिषद्, रेलवे बोर्ड, भारतीय राइफल एसोसिएशन में रहे। लखनऊ में जो स्टेडियम पहले नेशनल स्टेडियम के रूप में जाना जाता था, उसे उनके निधन के बाद स्टेडियम का नाम बदलकर के.डी. सिंह 'बाबू' स्टेडियम कर दिया गया। उन्हें श्रद्धांजलि स्वरूप अखिल भारतीय के.डी. सिंह 'बाबू' हॉकी टूर्नामेंट प्रतिवर्ष कराया जाता है।

खेला था और देश के विभाजन से पूर्व 1946 में सीलोन 'श्रीलंका' का दौरा किया था। 1947 में भारतीय टीम ने केन्या, युगांडा आदि देशों का दौरा किया। इस दौरे में भारतीय टीम ने कुल 270 गोल किए थे। इसमें बाबू ने अकेले 70 गोल दागे थे। 1949 में भारतीय टीम के कप्तान के रूप में वह अफगानिस्तान भी गए। 1951 में एक बार फिर पूर्वी अफ्रीका के दौरे पर गए। इस बार भारतीय टीम ने कुल 236 गोल किए। इसमें बाबू का योगदान 99 गोलों का था। 1955 में न्यूजीलैंड के दौरे पर भी गए। एक बार फिर उन्होंने 1959 में पूर्वी अफ्रीका का दौरा किया, लेकिन इस बार वे टीम के साथ प्रशिक्षक व मैनेजर बनकर गए थे, जबकि म्यूनिख ओलंपिक 1972 में भारतीय टीम के प्रशिक्षक के रूप में गए। इसके बाद 1975 में जब कोलालाम्पुर में तीसरी विश्व कप हॉकी प्रतियोगिता की तैयारी के सिलसिले में चंडीगढ़ में प्रशिक्षण शिविर का आयोजित किया गया था तो बाबू को ही मुख्य

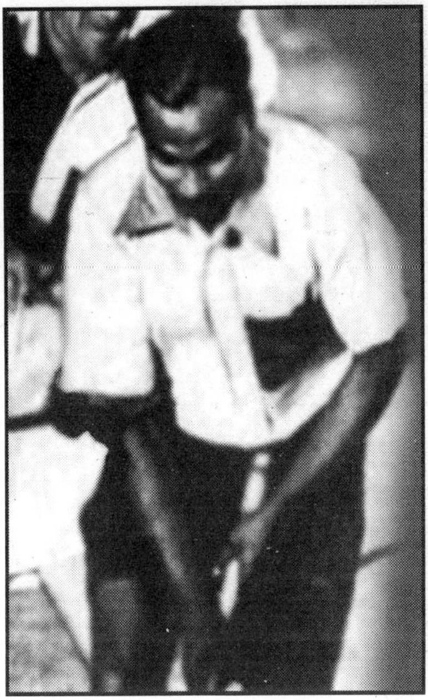

प्रशिक्षक बनाया गया था, लेकिन कुछ पारिवारिक कारणों के चलते उन्होंने इस उत्तरदायित्व को निभाने से इनकार कर दिया। दरअसल उनकी पुत्री का विवाह होनेवाला था और वे इसमें काफी व्यस्त थे। बावजूद इसके वे प्रशिक्षण देने के लिए तैयार थे, लेकिन साथ ही उनका यह कहना था कि यह शिविर यदि लखनऊ में लगा दिया जाए तो वे सहर्ष टीम को प्रशिक्षण देने के लिए उपलब्ध रहेंगे। चूँकि पंजाब सरकार पहले ही हॉकी टीम की तैयारी और प्रशिक्षण का सारा उत्तरदायित्व और खर्चे की घोषणा कर चुकी थी। इस कारण प्रशिक्षण शिविर की जगह नहीं बदली जा सकी थी।

भारतीय हॉकी के बाबू और भारतीय क्रिकेट के लाला में थोड़ी-बहुत समानता देखने में आती है। दोनों ही स्पष्टवादी और खरी बात करते थे, लेकिन लोगों को दोनों की स्पष्टवादिता रास नहीं आई। बाबू भारतीय हॉकी के गिरते स्तर से बहुत दुःखी रहा करते थे। वे चाहकर भी बहुत कुछ नहीं कर पाते थे। यह भारतीय हॉकी का दुर्भाग्य ही कहा जाएगा कि जब उनकी बेहद जरूरत थी, तब वे 27 मार्च, 1978 की सुबह पाँच बजे अपने आपको गोली मार बैठे और आत्महत्या कर ली। वे अपने जीवन के अंतिम दिनों में विशेष रूप से पाँच-छह महीनों से मानसिक रोग और तनाव से ग्रस्त थे। वे रहते तो बहुत संभव था कि भारतीय हॉकी की इतनी दुर्दशा न होती।

जितनी अच्छी हॉकी वे खेलते थे और निशाना साधते थे, उतनी दक्षता से शिकार करते समय गोली से निशाना भी लगाते थे। उन्हें तो कई देशों ने प्रशिक्षक बनाने का प्रलोभन भी दिया, पर वे कहीं नहीं गए। उनका कहना था कि भारतीय खिलाड़ियों को प्रशिक्षण देने में जितना ज्यादा सुख और आनंद की अनुभूति होती है, वह विदेश में कहाँ मिलेगी। यह सच है कि भारतीय हॉकी में ध्यानचंद की जगह कोई नहीं ले सकता। वे तो जादूगर तक कहलाए, लेकिन जहाँ तक सूझ-बूझ,

दूरदर्शिता, कुशल फॉरवर्ड, खेल की बारीकियाँ, कप्तान और प्रशिक्षक की बात है, बाबू जैसा दूसरा हरफनमौला खिलाड़ी भारत ने नहीं देखा। वे लंबे समय तक उत्तर प्रदेश के खेल निदेशक भी रहे।

बाबू को 'बाबू' बनाने में मुस्फिक साहब का अहम रोल रहा। यह बात बाबू खुद स्वीकार करते थे। कोच मुस्फिक ने ही बाबू को 16-17 की उम्र में कान्यकुब्ज कॉलेज से चुना था। बाबू के कथनानुसार खिलाड़ियों को परखने में मुस्फिक साहब की निगाहें बड़ी पैनी थीं। हॉकी के खेल की वे एक आशिक की तरह इबादत करते थे। देश का बँटवारा होने पर पाकिस्तान भले ही वे परिवार के दबाव में आकर गए, लेकिन वे जाना नहीं चाहते थे। लखनऊ छोड़कर जाते वक्त वे अत्यधिक दु:खी थे। बाबू जब उनसे मिलने पहुँचे थे तो अंदर से वह इतने दु:खी थे कि कहलवा दिया कि वे नहीं मिलेंगे, लेकिन जब हेलंसिकी ओलंपिक में बाबू स्वर्ण पदक लेकर लौटते वक्त कराची रुके थे, तब बीमारी की हालत और डॉक्टरों के मना करने के बावजूद वे खुद हवाई अड्डे बाबू से मिलने आए थे। बाबू की जीत को उन्होंने हॉकी की अपनी इबादत का नतीजा माना था।

बाबू पर एक नजर

1946-47 में पहली बार भारतीय हॉकी टीम में चयन। 1972 म्यूनिख ओलंपिक में भारतीय टीम के प्रशिक्षक बने। उत्तर प्रदेश स्पोर्ट्स हॉस्टल के संस्थापक। हॉकी के अलावा अच्छे क्रिकेटर भी थे। निशानेबाजी में उनका जवाब नहीं था। हेलम्स ट्रॉफी 1953 जीतनेवाले पहले भारतीय, बाबू 1953 में बेस्ट स्पोर्ट्स मैन ऑफ एशिया बने। पद्मश्री 1958 में मिला। बाबू के अनुसार विदेशों में उन्होंने जितने भी हॉकी मैच खेले, उनमें उनके अनुसार 1952 में भारत-हॉलैंड के बीच हुआ, ओलंपिक फाइनल मैच उनके जीवन का सबसे रोमांचकारी मैच था।

❑

गोल्डेन ब्वॉय क्लाडियस

गोल्डेन डेज के 'गोल्डेन ब्वॉय' के रूप में चर्चित लेस्ली क्लाडियस यानी लेस्ली वाल्टर क्लाडियस को यूँ ही यह दरजा नहीं मिला था। वे इसके पूरे हकदार थे। चार ओलंपिक खेलकर तीन स्वर्ण और एक रजत अपने खाते में दर्ज करानेवाले क्लाडियस मामूली खिलाड़ी नहीं थे। इसीलिए तो उन्होंने अपने बारे में एक बार स्वयं कहा था कि वह भारत के सर्वश्रेष्ठ राइट हॉफ हैं। क्लाडियस की बराबरी केवल ऊधम सिंह ही कर पाए हैं। ऊधम सिंह को भी भारत के लिए सर्वाधिक चार ओलंपिक खेलने का गौरव प्राप्त है।

मजे की बात तो यह है कि शुरू में क्लाडियस की दिलचस्पी हॉकी में न होकर फुटबॉल में थी। 1945 में जब वे अपने जन्म स्थान बिलासपुर से खड़गपुर आए तो वे फुटबॉल के एक उभरते हुए खिलाड़ी नजर आते थे। फुटबॉल के प्रति उनकी दीवानगी इतनी ज्यादा थी कि वे खेलने के लिए अपने स्कूल से अकसर भाग जाया करते थे। फुटबॉल के वे कितने अच्छे खिलाड़ी बन चुके थे इसका अंदाजा इस बात से लग जाता है कि वे बंगाल नागपुर रेलवे 'बी.एन.आर.' टीम के सदस्य तक बन गए थे।

एक घटना ने उनका खेल जीवन ही बदल डाला। एक दिन वे यूँ ही हॉकी मैच देख रहे थे। यह मैच बी.एन.आर. की ए और बी हॉकी टीमों के बीच बेटन कप हॉकी टूर्नामेंट की तैयारी के लिए खेला जा रहा था कि एक टीम में एक सदस्य कम था। कप्तान डिकी कर नाम के एंग्लो इंडियन हॉकी खिलाड़ी ने उनको स्टिक देते हुए कहा कि आओ, तुम खेलो। डिकी कर 1932 में लास एंजेल्स ओलंपिक में स्वर्ण पदक जीतनेवाली भारतीय हॉकी टीम के भी सदस्य थे। क्लाडियस ने वैसा

ही किया। स्टिक लेकर वे खेले। डिकी को क्लाडियस का खेल पसंद भी आ गया। यद्यपि उन्हें हॉकी का ज्यादा ज्ञान नहीं था, पर उन्हें हॉकी खेलना आसान लगा। फिर क्या था अपनी मेहनत, लगन और जुनून के चलते क्लाडियस ने अपने को एक महान् हॉकी खिलाड़ी के रूप में बदल डाला। प्रैक्टिस के लिए उन्होंने न दिन देखा न रात। सुबह-शाम हर वक्त हॉकी खेलते हुए अपने को पारंगत करने में सारा वक्त गुजारते रहे। पहले वे बी.एन.आर. की टीम में शामिल हुए। उन्हें अब फुटबॉल से कहीं ज्यादा रोमांचक हॉकी खेलना लगने लगा। इसी का नतीजा था कि वे दो साल बाद ही भारतीय हॉकी टीम के सदस्य बन गए। 1948 के लंदन ओलंपिक के वक्त उनकी उम्र 21 वर्ष थी। 29 जुलाई को जब वेम्बले में उद्घाटन समारोह हुआ तो भारतीय टीम का स्वागत वीरोचित हुआ, क्योंकि इसके पूर्व 1936 में बर्लिन में हुए ओलंपिक का स्वर्ण पदक विजेता भारत ही था।

यद्यपि वे हॉकी खिलाड़ी के रूप में ओलंपिक गए थे, लेकिन उनका अन्य खेलों से भी कम लगाव नहीं था। क्रिकेट में तो उनकी दिलचस्पी भी नहीं थी, लेकिन जब उन्हें पता चला कि ओवल में इंग्लैंड के विरुद्ध होनेवाले टेस्ट में डॉन ब्रेडमैन खेल रहे हैं तो वे ओलंपिक के समापन समारोह वाले दिन वहाँ पहुँच गए थे। सिर्फ इसलिए कि वे दुनिया के महानतम क्रिकेटर से अत्यधिक प्रभावित थे और उन्हीं के आकर्षण में ओवल उनका खेल देखने पहुँच गए थे। यद्यपि इस मैच से उन्हें निराशा ही हाथ लगी। अपना अंतिम टेस्ट खेलनेवाले ब्रेडमैन इस टेस्ट में शून्य पर आउट हो गए।

लंदन ओलंपिक में क्लाडियस ने ग्रुप लीग का सिर्फ एक मैच ही खेला था, पर वे इंग्लैंड के जीवन में पूरी तरह घुल-मिल गए थे। हेलसिंकी में वे सेमी फाइनल व फाइनल में खेले। 1956 के मेलबर्न में वे सभी मैचों में अपना उत्तरदायित्व निभाने के लिए मैदान में मौजूद थे। 1960 के रोम ओलंपिक में तो वे टीम के कप्तान ही थे,

लेकिन फाइनल में पाकिस्तान से 1-0 से हारने पर तो उनका दिल ही टूट गया था। उनके साथ ओलंपिक में खेले साथी खिलाड़ी गुरबख्श का कहना था कि क्लाडियस के लिए फाइनल में हारना एक दुःखद लम्हा था। चौथा स्वर्ण पदक न जीतने के चलते वे उदास हो गए थे। नहीं तो वे लगातार चार ओलंपिक स्वर्ण पदक जीतकर इतिहास रचना चाहते थे। फाइनल में पाकिस्तान से हारने के पूर्व 1928 से लेकर तब तक भारत लगातार 30 मैचों में जीत का रिकॉर्ड बना चुका था। भले ही उनका सपना टूटा बावजूद इसके ओलंपिक हॉकी में तीन स्वर्ण व एक रजत सहित कुल चार पदक जीतने का उन्होंने विश्व रिकॉर्ड अवश्य बना डाला। वे चार ओलंपिक में भारत का प्रतिनिधित्व करनेवाले पहले खिलाड़ी भी कहलाए। रोम ओलंपिक में हार की हताशा ने उनका अंतरराष्ट्रीय कॅरियर खत्म कर डाला। उनकी ड्रिब्लिंग और बेहतरीन पासिंग कलात्मक हॉकी का शानदार नमूना थी।

उनका जन्म 25 मार्च, 1927 को मध्य प्रदेश के बिलासपुर में हुआ था। 1946 में वे बतौर राइट हॉफ तथा सेंटर हॉफ की हैसियत से प्रथम श्रेणी के मैचों में खेले। 1947 में उन्हें बंगाल का प्रतिनिधित्व करने का मौका मिला। 1948 में वे पोर्ट कमिश्नर की टीम से प्रतिष्ठित आगा खाँ टूर्नामेंट 'मुंबई' में सेंटर हॉफ की पोजीशन से खेले। इस टूर्नामेंट से वे चमके और पूरे देश की निगाहों में आ गए। आगा खाँ में लाजवाब प्रदर्शन के चलते ही उन्हें लंदन ओलंपिक में जानेवाली

संभावित टीम के चयन स्पर्धा के लिए बुला लिया गया। वे कितने आला दरजे के खिलाड़ी थे, इसका अंदाजा इस बात से लग जाता है कि हाथ टूटने के बावजूद वे इतने शानदार और जानदार ढंग से खेले कि भारतीय टीम में मात्र 21 वर्ष में उनका चयन हो गया। उनका 'स्किल' इतना मजबूत था कि एक मिड फील्डर के रूप में उन्हें विश्वव्यापी पहचान मिल गई। वे पहली बार 1959 में यूरोप जानेवाली टीम के कप्तान बनाए गए थे, जिसके प्रशिक्षक ध्यानचंद थे। यूरोप के दौरे में टीम ने कुल 19 मैच खेले जिसमें 15 जीते, तीन ड्रा रहे और मात्र एक मैच में उन्हें पराजय मिली।

हॉकी जगत् में उनकी सेवाओं के लिए भारत सरकार ने उन्हें 1971 में पद्मश्री पुरस्कार से नवाजा। वे भारतीय हॉकी टीम के मैनेजर 1974 'तेहरान' और 1978 'बैंकॉक' के एशियाई खेलों में थे। कुछ समय के लिए वे भारतीय हॉकी संघ की चयन समिति के सदस्य भी रहे। वे 1974 और 1978 के ओलंपिक में चुनी गई भारतीय हॉकी टीम के चयनकर्ता थे।

पूर्व हॉकी दिग्गज एवं भारत के महान् ओलंपियनों में से एक क्लाडियस का निधन लंबी बीमारी के बाद 20 दिसंबर, 2014 में हो गया। वे कैंसर के अलावा यकृत की बीमारी से लंबे समय से परेशान थे। उन्हें 11 महीनों में चार बार अस्पताल में भरती कराना पड़ा था। उनकी उम्र 85 वर्ष की थी।

यादगार अवसर : 1948 के लंदन ओलंपिक का उद्घाटन समारोह। सबसे खराब दिन–1960 के रोम ओलंपिक के हॉकी फाइनल में पाकिस्तान से हारना। सर्वश्रेष्ठ गोल–1948 में मुंबई में हुए आगा खाँ हॉकी टूर्नामेंट में गेंद को इस तेजी से मारना की गेंद जाल में जा उलझी। हॉकी हीरो के.डी. सिंह बाबू और केशव दत्त। पसंदीदा मैदान–मोहन बगान। सर्वाधिक खुशी का क्षण–1960 में जब भारतीय हॉकी टीम का कप्तान चुना गया। सर्वाधिक बड़ी शिकायत–पद्मश्री मिलने में दस वर्षों की देरी।

1960 के रोम ओलंपिक में लेस्ले क्लाडियस को छोटा कद होने का तर्क देकर भारतीय दल का ध्वजवाहक नहीं बनाया जा रहा था। दरअसल भारतीय ओलंपिक संघ का एक बड़ा वर्ग धावक मिल्खा सिंह को ध्वजवाहक बनाना चाहता था। ऐसे में हॉकी के खिलाड़ियों ने जब न खेलने की धमकी दे डाली, तब जाकर क्लाडियस को ही ध्वजवाहक होने का सम्मान दिया गया।

❑

जेंटल के आगे नतमस्तक पाक टीम

रणधीर सिंह जेंटल की सबसे बड़ी और खास बात यह रही है कि वे जब जब पाकिस्तान के विरुद्ध खेले, भारतीय हॉकी टीम ने कभी भी पराजय का मुँह नहीं देखा। केवल खिलाड़ी ही नहीं, बल्कि वे चाहे जिस भी रूप में भारतीय हॉकी टीम से जुड़े रहे, तब-तब पाकिस्तान की टीम हारी। 1956 के मेलबर्न ओलंपिक में जेंटल के गोल से ही पाकिस्तान की टीम पराजित हुई थी। यह गोल जेंटल ने उत्तरार्द्ध में शॉर्ट कार्नर से किया था। इसी तरह जब वे 1966 के बेंकॉक एशियाई खेलों में भारतीय हॉकी टीम के प्रशिक्षक थे, तब भी भारत ने पाकिस्तान को हराकर एशियाई चैंपियन होने का गौरव हासिल किया था। फिर 1973 में जब एमस्टर्डम में दूसरी विश्व कप हॉकी प्रतियोगता हुई थी तो उसमें भी भारत ने सेमीफाइनल में पाकिस्तान को शिकस्त दी थी। विजयी गोल गोविंदा ने दागा था। इस हॉकी टीम के मैनेजर जेंटल ही थे।

जेंटल को तीन ओलंपिक खेलने का श्रेय है। पहली बार वे लंदन ओलंपिक 1948 में खेले थे। फिर हेलसिंकी 1952 और अंत में मेलबर्न 1956 में खेले। मेलबर्न ओलंपिक में भारतीय हॉकी टीम के कप्तान बलबीर सिंह सीनियर थे। कप्तान के हाथ में चोट लगी देखकर जेंटल ने उनसे कहा कि आपके अँगूठे में चोट लगी है, इसलिए मत खेलिए, लेकिन बलबीर सिंह ने झट उत्तर दिया कि इस समय देश की प्रतिष्ठा का सवाल है। मामूली सी चोट से क्या घबराना। बलबीर सिंह अँगूठे पर प्लास्टर चढ़ाकर मैदान में उतर पड़े थे। जेंटल ने इस घटना का जिक्र एक बार इसलिए किया था कि आज के नौजवान खिलाड़ियों का मुख्य उद्‌देश्य खेलना और

1956 ओलंपिक की विजेता भारतीय हॉकी टीम

अपने देश का नाम ऊँचा करना होना चाहिए। अंतरराष्ट्रीय प्रतियोगिता में हिस्सा लेते वक्त उन्हें इतना ध्यान जरूर देना चाहिए कि उस समय पूरा देश उनकी ओर आशा भरी दृष्टि देख रहा होता है।

भारत के लिए ओलंपिक हॉकी में तीन स्वर्ण पदक जीतनेवाले दिग्गज खिलाड़ियों रंगनाथन फ्रांसिस और बलबीर सिंह के साथ ही इस सूची में जेंटल का नाम भी दर्ज है। तीन ओलंपिक खेलों में हिस्सा लेने के अलावा जेंटल ने 1947 में श्रीलंका जानेवाले हॉकी टीम की कप्तानी भी की। 1950 में वे भारतीय टीम के साथ पूर्वी अफ्रीका गए थे। 1954 में सिंगापुर और मलाया का भी दौरा किया।

रणधीर सिंह का नाम जेंटल कैसे पड़ा। इसकी भी एक दिलचस्प कहानी है। कहा जाता है कि अपने जमाने में रणधीर सिंह का हॉकी का धुरंधर खिलाड़ी होने के नाते जबर्दस्त आतंक था। विपक्षी खिलाड़ी उनकी उपस्थिति से ही घबराते थे। वे उनसे हाथ जोड़कर निवेदन करते थे कि आप तो बहुत जेंटल, नम्र एवं विनम्र हैं, खेलते वक्त हम पर कृपा रखिएगा। तभी से 'जेंटल' उनका उपनाम हो गया। बाद में वही उनका पारिवारिक नाम बन गया। इसी तरह जेंटल के दो भाइयों को 'नोबल' और 'हंबल' कहा जाता था।

यह बात बहुत कम लोग जानते होंगे कि वे हॉकी के जितने अच्छे खिलाड़ी थे, उतनी ही कुशलता से फुटबॉल भी खेला करते थे। 1947 में न्यू दिल्ली हीरोज क्लब रोवर्स कप फुटबॉल प्रतियोगता में भाग लेने गई थी। इस टीम के सहायक मैनेजर वही थे। बंबई पहुँचने पर टीम के सदस्य त्रिलोक नाथ लौ की तबीयत

अचानक खराब हो गई। जब 1956 ओलंपिक की विजेता भारतीय हॉकी टीम को कोई और रास्ता नहीं बचा तो जेंटल खुद लौ के स्थान राइट फुल बैक पर खेलने लगे और खूब जमकर खेले।

दिल्ली में 22 सितंबर, 1922 को जनमे रणधीर सिंह शुरू-शुरू में इंडिपेंडेंट स्पोर्ट्स क्लब की तरफ से खेलते थे। पहली बार 1942 में राष्ट्रीय हॉकी में दिल्ली का प्रतिनिधित्व किया। दिल्ली चैंपियन भी बनी। वे 1946 में दिल्ली टीम के कप्तान भी बने। वे 1947 तक दिल्ली का प्रतिनिधित्व करते रहे। बाद में उन्हें टाटा स्पोर्ट्स ने बंबई बुला लिया। वे 1948 से 1954 तक बंबई के लिए खेले।

सन् 1948 में जब लंदन ओलंपिक के लिए भारतीय हॉकी टीम घोषित हुई तो खिलाड़ियों की सूची में उनका नाम नहीं था। इसी बीच पाकिस्तान हॉकी संघ ने जेंटल के आगे पाकिस्तान आने का प्रस्ताव रखा, लेकिन उन्होंने तत्काल यह प्रस्ताव ठुकराते हुए कहा कि मुझे भारतीय टीम में शामिल किया जाए या नहीं, मैं किसी भी सूरत में अपना देश नहीं छोड़ सकता। बाद में जेंटल को सुरक्षित खिलाड़ी के रूप में भारतीय टीम में शामिल कर लिया गया। कमाल की बात यह है कि उन्हें लंदन में सभी मैचों में खेलने का मौका मिला। उन्होंने अपनी प्रतिभा का पूरा प्रदर्शन करते हुए दुनिया का सर्वश्रेष्ठ फुल बैक होने का सम्मान पाया।

जेंटल न केवल भारतीय हॉकी टीम के ही प्रशिक्षक रहे, बल्कि उन्होंने स्पेन, मलेशिया, युगांडा और केन्या को प्रशिक्षण दिया। अमेरिका की महिला हॉकी टीम के मुख्य प्रशिक्षक भी बने।

सन् 1952 में पाकिस्तान की हॉकी टीम ने भारत का दौरा किया। एक प्रदर्शनी मैच दिल्ली के फिरोजशाह कोटला मैदान में भी खेला गया। भारत ने मैच जीता, लेकिन सबसे बड़ी बात यह रही कि पाकिस्तानी मैनेजर ने जमकर जेंटल की प्रशंसा करते हुए कहा कि भारतीय टीम से सिर्फ जेंटल को निकाल दो, तब हमारा खेल और कमाल देखो। उस समय पाकिस्तानी टीम में अजीज अहमद जैसे दुनिया के सर्वश्रेष्ठ आउट साइड लेट खिलाड़ी थे, लेकिन सभी जेंटल से घबराते थे। वे कहते थे कि जेंटल की निगाहें बाज की तरह हैं, सर अफलातून का और जिगर शेर का। उनका निधन 25 सितंबर, 1981 को हुआ।

❑

चार ओलंपिक के गवाह ऊधम सिंह

चार ओलंपिक में खेलते हुए तीन स्वर्ण और एक रजत पदक हासिल करनेवाले भारत के दूसरे हॉकी खिलाड़ी ऊधम सिंह की एक और बड़ी एवं उल्लेखनीय खासियत यह है कि उनका संबंध पंजाब के उस गाँव से है, जो कभी भारत की 'हॉकी नर्सरी' कहलाती थी। जालंधर कैंटोमेंट के बाहरी छोर पर एक छोटे से गाँव संसारपुर में 4 अगस्त, 1928 को उनका जन्म हुआ था। उनका पूरा नाम यद्यपि ऊधम सिंह कुलार था, पर वे ऊधम सिंह के नाम से चर्चित रहे। जन्मजात प्रतिभा का धनी होने के नाते भले ही उनका कद 5 फीट 6 इंच और वजन मात्र 58 किलोग्राम ही था, पर सामान्य कद-काठी उनके खेल को प्रभावित नहीं कर सका। हॉकी, ऊधम सिंह के लिए एक कला थी। उनके हाथों में स्टिक इस तरह चलायमान रहती थी, जिस तरह एक कलाकार ब्रश का उपयोग पेंट करने में करता है। वे सेंटर फॉरवर्ड के खिलाड़ी थे, लेकिन वे लेट इन साइड के साथ ही राइट इन साइड एवं सेंटर हाफ सभी स्थानों पर समान रूप से खेलने में पारंगत थे।

उनका ओलंपिक सफर यद्यपि 1952 में हेलंसिकी से प्रारंभ हुआ था। पर वे लंदन ओलंपिक 1948 खेलने में भी पूरी तरह सक्षम थे, लेकिन दुर्भाग्यवश उँगली में चोट लग जाने की वजह से सुनहरा मौका गँवा बैठे थे। वैसे अगले ही साल से उनका अंतरराष्ट्रीय कॅरियर प्रारंभ हो गया। 1949 में अफगानिस्तान के विरुद्ध हॉकी शृंखला में भाग लेते हुए भारतीय टीम को विजय दिलाने में अहम भूमिका निभाई। 1952 के हेलंसिकी ओलंपिक में के.डी. सिंह 'बाबू' के नेतृत्व में खेलते

हुए स्वर्ण पदक पाने में सफल रहे तो वहीं 1956 के चार ओलंपिक के गवाह ऊधम सिंह मेलबर्न ओलंपिक में विजेता बननेवाली भारतीय टीम के कप्तान बलवीर सिंह सीनियर थे। 1960 के रोम ओलंपिक में तीसरी बार खेलनेवाले ऊधम सिंह का चौथा एवं अंतिम ओलंपिक टोक्यो 1964 था। यहीं भारत ने पाकिस्तान से रोम का बदला लेते हुए 1-0 से जीत हासिल कर पुनः स्वर्णिम सफलता दर्ज की।

1958 के बैंकॉक एशियाई खेलों में ऊधम सिंह ने यद्यपि अपना सर्वश्रेष्ठ प्रदर्शन किया था, लेकिन वे यहाँ स्वर्ण पदक से चूक गए थे, क्योंकि पाकिस्तान ने भारत को बेहतर गोल औसत के आधार पर हरा दिया था।

इसके अलावा ऊधम सिंह ने हॉकी टीम के साथ 1953 में पोलैंड एवं 1955 में वारसा इंटरनेशनल में खेलने के बाद 1959 में पूर्वी अफ्रीका का दौरा करनेवाली टीम के कप्तान भी थे। म्यूनिख में खेले गए एक अंतरराष्ट्रीय टूर्नामेंट में वे भारतीय हॉकी टीम के उप-कप्तान भी थे। रोम ओलंपिक में भारतीय हॉकी टीम की हार से दुःखी ऊधम सिंह ने खेलना ही छोड़ दिया था, लेकिन हॉकी के प्रति जुनून एवं समर्पण इस कदर जिंदा था कि वे फिर से राष्ट्रीय हॉकी में लौट आए। 1963 में लियोंस फ्रांस में खेलने के बाद वे टोक्यो ओलंपिक में स्वर्ण पदक जीतने में सफल रहे। उनका हॉकी जीवन 1949-1964 तक सक्रिय रहा। इस दौरान वे तीन बार भारतीय हॉकी टीम के कप्तान भी रहे। राष्ट्रीय हॉकी से विदा होने के बाद ऊधम सिंह ने सीमा सुरक्षा बल एवं पंजाब पुलिस को कई सालों तक एक खिलाड़ी के रूप में अपनी सेवाएँ दीं। हॉकी के प्रति उनकी एकाग्रता और निष्ठा ने कई युवाओं को हॉकी से जुड़ने और आगे बढ़ने की प्रेरणा दी। जब वे अपनी गति से आगे बढ़ते हुए विरोधी रक्षण पंक्ति को भेदते थे तो वह नजारा अनायास सभी को आकर्षित

करने के लिए पर्याप्त होता था। वे अपनी फिटनेस और गतिशीलता के चलते दो दशक तक हॉकी मैदान पर छाए रहे।

यदि उनकी उँगली में चोट न लगी होती तो वे पाँच ओलंपिक में हिस्सा लेनेवाले दुनिया के इकलौते हॉकी खिलाड़ी होते। वैसे भी चार ओलंपिक में खेलकर तीन स्वर्ण एवं एक रजत पानेवाले ऊधम सिंह ओलंपिक हॉकी इतिहास के भारत के दूसरे खिलाड़ी हैं। ऊधम सिंह से पहले लेस्ली क्लाडियस को भी चार ओलंपिक से तीन स्वर्ण और एक रजत पदक जीतने का उल्लेखनीय गौरव प्राप्त है। हॉकी प्रतिभा उनमें कूट-कूटकर भरी हुई थी। जालंधर के डी.ए.वी. कॉलेज के छात्र ऊधम को कॉलेज हॉकी टीम की कप्तानी 1947 में मिली थी। हॉकी के चलते ही उन्हें उसी साल पंजाब पुलिस में नौकरी मिल गई थी। उस समय पंजाब पुलिस हॉकी टीम को देश की श्रेष्ठ टीमों में से एक गिना जाता था। पंजाब पुलिस के लिए वे 18 साल तक खेलते रहे। इस दौरान कई बार टीम की कप्तानी भी की। 19 साल की उम्र में ही उन्हें पंजाब राज्य की हॉकी टीम में शामिल होने का मौका मिल गया था। वे 17 वर्षों तक लगातार 1965 तक पंजाब राज्य के लिए खेलते रहे। 1954 में वे पंजाब हॉकी टीम के कप्तान भी थे।

भारत सरकार ने यद्यपि उन्हें 1965 में अर्जुन पुरस्कार से सम्मानित किया, पर इससे पहले पथीपाल सिंह को 1963 में और चरणजीत सिंह को 1964 में यह पुरस्कार मिलने से उनके साथ नाइंसाफी हुई थी। इसी तरह इस धुरंधर खिलाड़ी को कभी भी न तो ओलंपिक और न ही एशियाई खेलों में टीम की कप्तानी का मौका मिला था।

72 वर्ष की उम्र में उनका निधन 23 मई, 2000 को अपने नगर में ही हृदय गति रुकने से हो गया।

जिए और मरे भी हॉकी के लिए

उधम सिंह यदि अस्वस्थ न रहते तो वे निश्चित रूप से पाँच ओलंपिक खेलकर एक नया इतिहास रच देते। बावजूद इसके वे भारतीय हॉकी के ऐसे अनोखे योद्धा हैं, जिसकी दूसरी मिसाल नहीं मिली। पूरा जीवन ही उन्होंने हॉकी को समर्पित कर रखा था। वे पूरी तन्मयता और प्रतिबद्धता से हॉकी से जुड़े थे। वे एक पोजीशन के खिलाड़ी नहीं थे। वे लेट इन साइड, राइट इन साइड से लेकर सेंटर फॉरवर्ड और सेंटर हॉफ पोजीशन पर समान दक्षता से खेलने में सक्षम थे। दिल का दौरा पड़ने के बावजूद वे ग्राउंड से दूर नहीं हुए थे। उन्होंने डॉक्टर की

सलाह तक अनसुनी कर दी थी। डॉक्टर ने उन्हें पूरी तरह आराम करने की सलाह दी थी, लेकिन दिल का दौरा पड़ने के एक सप्ताह बाद ही वे अपने चिर-परिचित संसारपुर के हॉकी मैदान पर पहुँच गए थे। यहाँ पहुँचकर उन्होंने अपने स्वस्थ होने की खुशी में युवा खिलाड़ियों को मिठाई बाँटी थी, लेकिन जैसे ही वे घर पहुँचे, थोड़े ही समय बाद उन्हें दूसरी बार दिल का दौरा पड़ा, जो उनके लिए घातक सिद्ध हुआ।

❑

भारत रत्न के इंतजार में बलबीर

भारतीय हॉकी में वैसे तो कई बलबीर सिंह हुए हैं, लेकिन जो रुतबा, मान-सम्मान और धाक बलबीर सिंह सीनियर ने जमाई, उतनी किसी अन्य को नहीं मिल सकी। उन्हें तो हॉकी के जादूगर ध्यानचंद का सही उत्तराधिकारी तक माना गया। यह सच भी है कि वे आला दरजे के धुरंधर एवं तेज-तर्रार सेंटर फॉरवर्ड के रूप में अपने को स्थापित कर चर्चित बने रहे। यदि वे ध्यानचंद के सही उत्तराधिकारी कहलाए तो इसके पीछे 'दद्दा' ही मुख्य वजह थे। ध्यानचंद का इन पर इतना अधिक प्रभाव और आकर्षण पड़ा कि स्कूली दिनों में पहले गोलकीपर फिर बैक के रूप में खेलनेवाले बलबीर सिंह सेंटर फॉरवर्ड की पोजीशन पर नजर आने लगे। उनके खेल में यह बदलाव 1936 के बर्लिन ओलंपिक में ध्यानचंद के जादुई खेल का एक डाक्युमेंट्री फिल्म को देखकर आया।

वे भारत के ही शीर्षस्थ हॉकी खिलाड़ी नहीं हैं, बल्कि वे कितने बड़े और महान् खिलाड़ी हैं, इसका अंदाजा इस बात से मिल जाता है कि लंदन ओलंपिक 2012 के दौरान दुनिया के सर्वश्रेष्ठ 16 ओलंपिक खिलाड़ियों में उन्हें भी चुना गया था। सचमुच वे महान् और बड़े जीवट के खिलाड़ी रहे हैं। उन्होंने न केवल अपने जमाने में मैदान पर एक सक्रिय खिलाड़ी के रूप में लगभग 20 वर्षों तक हॉकी की सेवा की, बल्कि इसके बाद भी खेल प्रशासक के रूप में अपनी कीर्ति पताका फहराते रहे। वे पंजाब के खेल निदेशक भी रहे। जिस तरह ध्यानचंद ने तीन ओलंपिक में

भारतीय हॉकी का परचम लहराया था, ठीक वैसे ही बलबीर सिंह ने भी तीन ओलंपिक में अपने खेल का जलवा दिखलाया। इनके खाते में तीन ओलंपिक स्वर्ण 1948 लंदन, 1952 हेलसिंकी एवं 1956 मेलबर्न पदक हैं। लंदन में इस 'गिटेड प्लेयर' को मात्र दो ही मैचों में खेलने का मौका मिला, लेकिन इस दौरान एक हैट्रिक सहित कुल नौ गोल कर उन्होंने अपनी क्षमता बखूबी प्रदर्शित कर दी। यह मैच भारत ने अर्जेंटीना से 9-1 से जीता था। इसी के चलते उन्हें फाइनल में ब्रिटेन के खिलाफ खेलने का मौका मिला और फिर उन्होंने फाइनल में भारत की 4-0 की विजय में दो गोल दागकर अपना बहुमूल्य योगदान दिया। यह जीत बलबीर सिंह इस कारण आज भी यादगार मानते हैं, क्योंकि 1947 की आजादी के बाद भारत का खेल जगत् में पहली बड़ी सफलता थी। हेलसिंकी में वे टीम के उप-कप्तान थे, जबकि मेलबर्न में उन्हीं के नेतृत्व में भारतीय टीम ने स्वर्णिम सफलता हासिल की थी। 1952 के फाइनल में हालैंड के खिलाफ भारत की 6-1 की जीत में उनके द्वारा किए गए सर्वाधिक पाँच गोलों का रिकॉर्ड अब तक सुरक्षित है।

बलबीर सिंह के खाते में एक और उल्लेखनीय बात यह है कि उन्हें ओलंपिक में दो अवसरों पर भारतीय ध्वजवाहक होने का अनोखा सम्मान प्राप्त है। इसी के साथ 1982 में दिल्ली में हुए एशियाई खेलों की मशाल भी उन्होंने ही प्रज्वलित की थी।

हॉकी के स्वर्णिम युग के नायक बलबीर सिंह के पास यादों और स्मृतियों का लंबा पिटारा है। एक घटना का उल्लेख करते हुए वे कहते हैं कि जब वह 1948 के लंदन ओलंपिक से विजेता बनकर लौटे थे तो पंजाब के मोगा कस्बे में उनके सम्मान में एक विजय परेड आयोजित की गई थी, जिसमें उनकी पत्नी भी थीं। जैसे ही शहर में विजय जुलूस ने प्रवेश किया, एक महिला ने जिज्ञासावश पूछा कि

यह किसकी शादी का जुलूस है तो किसी ने बताया कि यह शादी का जुलूस नहीं, बल्कि बलबीर सिंह द्वारा ओलंपिक में स्वर्ण पदक जीतने के उपलक्ष्य में यह यात्रा निकाली गई है। तब उस महिला ने बड़े ही भोलेपन से कहा कि इस सरदार की तो दाढ़ी बहुत बढ़ी हुई है, फिर भी यह अभी तक खेल रहा है।

1975 की विश्व कप विजेता हॉकी टीम के जहाँ वे मैनेजर थे, वहीं 1971 के विश्व कप की रजत पदक विजेता टीम के वे प्रशिक्षक भी थे। वे हॉकी के प्रति इतने समर्पित रहे हैं कि इसका एक उदाहरण यह है कि जब 1975 के विश्व कप के लिए भारतीय हॉकी टीम का प्रशिक्षण शिविर चंडीगढ़ के पंजाब विश्वविद्यालय में लगा हुआ था तो वे टीम के न केवल मैनेजर व मुख्य प्रशिक्षक ही थे, बल्कि कैंप के निदेशक भी थे, पर इस दौरान उन्हें काफी पीड़ादायक स्थितियों से गुजरना पड़ा था। पिता दिलीप सिंह का जहाँ कैंप शुरू होने के पहले हफ्ते में ही निधन हो गया था, वहीं उनकी पत्नी भी अत्यधिक बीमारी की वजह

पदक-ब्लेजर लापता

दुनिया के महान् ओलंपियनों में शामिल हॉकी दिग्गज बलबीर सिंह ने 27 साल पहले अपने 24 पदक और कुछ दुर्लभ तसवीरों सहित मेलबर्न ओलंपिक का ब्लेजर भारतीय खेल प्राधिकरण को खेल संग्रहालय में रखने को सौंपा था, लेकिन अब किसी को यह पता नहीं है कि उनकी ये नायाब धरोहरें कहाँ हैं?

से अस्पताल में भरती थीं। वे तो कोमा में थीं। बावजूद इसके बलबीर सिंह ने अपने चेहरे पर शिकन तक नहीं आने दी। हाँ यह जरूर किया कि कैंप से अस्पताल की दौड़ लगाते रहे। जब एक संबंधी ने यह कहा कि कैंप से छुट्टी क्यों नहीं ले लेते, तब उनका कहना था कि मैं डॉक्टर थोड़े ही हूँ। इस समय मेरी जरूरत अस्पताल से ज्यादा कैंप में है। इस संदर्भ में उनका कहना है कि पी.जी.आई. के डॉक्टरों की वजह से उनकी पत्नी की जान बच गई।

बलबीर सिंह का जन्म 10 अक्तूबर, 1924 को हरिपुर गाँव जिला-जालंधर में हुआ। 1947 में पहली बार भारतीय टीम के साथ श्रीलंका का दौरा किया। 1950 में काबुल गई भारतीय टीम के वे कप्तान भी थे। इनके अलावा 1954 में सिंगापुर, मलाया और 1955 में ऑस्ट्रेलिया व न्यूजीलैंड के दौरे पर जानेवाली टीम का भी उन्होंने नेतृत्व किया था।

सन् 1957 में उन्हें भारत सरकार द्वारा पद्मश्री से सम्मानित किया गया। यह सम्मान पानेवाले वे पहले हॉकी खिलाड़ी हैं। हॉकी से संन्यास लेने से पहले 1958 में टोक्यो में हुए एशियाई खेलों में भी वे भारतीय हॉकी टीम के कप्तान थे। वे पेनाल्टी कॉर्नर को गोल में बदलने में महारथ रखते थे। वे गेंद को हाथ से रोककर एकदम स्थिर कर लेते और फिर कुछ इस चतुराई से गेंद को गोल में फिट करते कि विपक्षी को उनकी इस दोहरी क्रिया का आभास तक नहीं हो पाता था। वे 1958, 1970 और 1982 के एशियाई खेलों में भारतीय टीम के मैनेजर भी रहे हैं।

बलबीर सिंह सीनियर हॉकी में बतौर खिलाड़ी, कप्तान, प्रशिक्षक, मैनेजर और खेल प्रशासक के रूप में अपनी उपलब्धियों के बाबत यह चाहते हैं कि उन्हें देश के सर्वोच्च नागरिक सम्मान भारत रत्न से सम्मानित किया जाना चाहिए। 90 वर्षीय वयोवृद्ध बलबीर सिंह को भरोसा है कि उनकी उपलब्धियों के चलते उनके जीते-जी ही यह सम्मान उन्हें मिल जाएगा। अभी हाल में हॉकी इंडिया ने उन्हें मेजर ध्यानचंद लाइफ टाइम एचीवमेंट पुरस्कार से नवाजा है। बलबीर सिंह इस सम्मान को बहुत खास मानते हैं, क्योंकि उनके अनुसार यह उन्हें अपने देश से मिला है। यह पुरस्कार राशि 30 लाख रुपए वे बलबीर फाउंडेशन को सौंप देंगे और इसका इस्तेमाल हॉकी के विकास के लिए किया जाएगा। वे कभी कनाडा में रहते हैं तो कभी भारत में चंडीगढ़ में अपनी बेटी सुखबीर कौर के पास।

❑

पहले गोलकीपर कप्तान शंकर लक्ष्मण

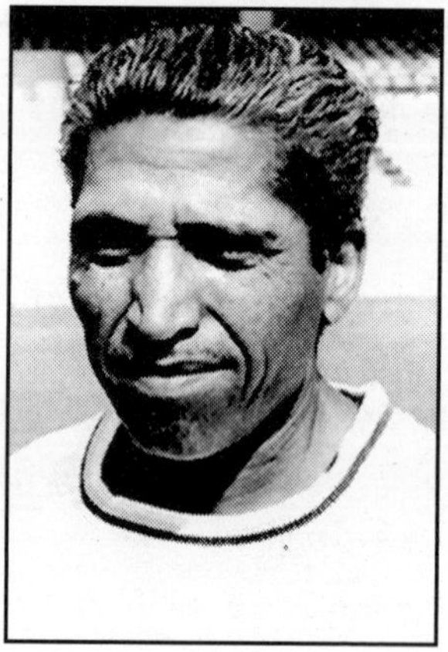

गोलकीपर बनने का सपना शंकर लक्ष्मण ने यदि देखा था तो इसके पीछे कारण यह था कि इसमें चुनौतियाँ और जोखिम ज्यादा हैं। जहाँ चुनौतियाँ कठिन और ज्यादा होती हैं, वहीं इनसान को अपनी क्षमताओं को नया आयाम देने का अवसर भी ज्यादा मिलता है। 'डी' के आस-पास गेंद के आते ही गोलकीपर की अग्नि परीक्षा प्रारंभ हो जाती है। बचपन में सुनी एक कहावत, 'मारनेवाले से बचानेवाला बड़ा होता है।' का भी उन पर असर पड़ा था। इस कहावत के चलते ही वे गोल बचानेवाला यानी गोलकीपर बन गए।

एक आश्चर्य की बात यह भी रही कि वे बचपन में हॉकी नहीं, फुटबॉल खेला करते थे। वे खुद कहते थे कि सेना में भरती होने के बावजूद वह 1952 तक फुटबॉल ही खेला करते थे। तब कौन कह सकता था कि फुटबॉल का यह खिलाड़ी देश का प्रतिनिधित्व हॉकी में करेगा और केवल तीन साल में ही वे गोलकीपर के रूप में पारंगत हो जाएँगे। वे देश के सर्वश्रेष्ठ गोलकीपर बनने में सफल हुए तो इसके पीछे उनकी धुन और लगन का पक्का होना था। यह जुनून भी इतना था कि जब आराम का वक्त होता था, तब भी अपने दोस्तों से कहते थे कि चलो उठो, गेंद को मारो और मैं गोल पर खड़ा होकर रोकूँगा। उनके इस व्यवहार से उनके दोस्त न जाने क्या-क्या कहते थे। कुछ तो उन्हें सनकी कहने लगे थे और कुछ उनसे पीछा छुड़ाने के लिए तरह-तरह के बहाने बनाते थे। पर कुछ साथी उनकी बात मान भी लेते थे, लेकिन वे इस कारण राजी नहीं होते थे कि उनकी खेल में रुचि थी, बल्कि इसलिए कि वे अन्य साथियों को तंग न करें। इन सब बातों का उन पर कोई असर नहीं होता था। उन्हें तो बस एक ही धुन सवार थी कि मैं कैसे

सर्वश्रेष्ठ गोलकीपर बनूँ। इसके लिए वे कुछ भी कर सकते थे और कुछ भी सह सकते थे। उनके समर्पित भाव, संपूर्ण उत्साह और पागलपन की हद तक के जुनून ने ही उन्हें देश का ही नहीं, दुनिया का सर्वश्रेष्ठ गोलकीपर बना डाला। वे 1955 से लेकर 1966 तक दुनिया के सर्वश्रेष्ठ गोलकीपर थे। गोलपोस्ट पर उनकी एकाग्रता के साथ ही दिमाग में गेंद की विभिन्न संभावित स्थितियों का सटीक पूर्वानुमान का ही नतीजा था कि वे लगातार 12 वर्षों तक सजग प्रहरी बने रहे।

वे पहली बार सेना के लिए 1955 और अंतिम बार 1967 में खेले। ओलंपिक में उन्होंने 1956, 1960 और 1964 में भाग लिया, जिसमें दो अवसरों पर उन्हें विश्व के सर्वश्रेष्ठ गोलकीपर का तमगा मिला। इसी तरह उन्होंने तीन एशियाई खेलों- 1958, 1962 एवं 1966 में भारत का प्रतिनिधित्व किया। 1966 के एशियाई खेलों में तो वे भारतीय टीम के कप्तान भी थे। हॉकी टीम को यहाँ स्वर्णिम सफलता भी मिली थी।

शंकर लक्ष्मण ने वैसे तो कई यादगार मैच खेले, लेकिन दो मैचों का जीतना बेहद ज़रूरी है। एक तो 1962 में अहमदाबाद में खेला गया विश्व हॉकी टूर्नामेंट और इसी तरह 1964 के टोक्यो ओलंपिक का हॉकी फाइनल मैच। दोनों ही अवसरों पर अपनी सूझ-बूझ, अच्छी नजर, निडरता, फुरती, अच्छी हिटिंग एवं पूर्वानुगान के साथ-साथ शॉट रोकने की क्षमता तथा तेज 'रिफलेक्सेस' के चलते उन्होंने भारत को बेहद मुश्किलों में जीत की राह दिखाई। अहमदाबाद में जर्मनी के एक खिलाड़ी द्वारा मारे गए जोरदार शॉट कॉर्नर को रोकने के प्रयास में गेंद सीधे उनके सीने पर जा लगी। एक मिनट के लिए उनकी आँखों के आगे गहरा अँधेरा छा गया। पाँच मिनट बाद उन्हें कुछ-कुछ दिखाई देने लगा था। वे चाहते तो मैदान के बाहर जा सकते थे,

पर उन्होंने ऐसा नहीं किया। गोल पोस्ट पर डटे रहे। उनके अनुसार वह यदि बाहर चले जाते तो टीम की हालत बिगड़ जाती। उनका यही मत होता था कि भले ही गिर जाओ, पर मैदान मत छोड़ो। होश रहने तक खेलते रहो। इसी तरह 1964 में टोक्यो ओलंपिक में पाकिस्तान के खिलाफ उन्होंने अविस्मणीय प्रदर्शन कर भारत को स्वर्णिम सफलता का अनोखा उपहार दिया। पाकिस्तान के धुआँधार आक्रमण को वे नाकाम करते रहे। वे स्वर्ण पदक और पाकिस्तानी खिलाड़ियों के बीच एक दीवार बनकर खड़े हो गए थे, लेकिन जब 1968 के मैक्सिको ओलंपिक के लिए भारतीय टीम की घोषणा हुई तो उनका नाम गायब था। किसी ने उनसे पूछा कि आपको इसका कोई गिला नहीं है ? तो शांत, सरल व सहज स्वभाववाले शंकर लक्ष्मण ने तपाक् से उत्तर दिया था कि बिल्कुल नहीं। जिस खेल को प्यार किया है, उसमें कामयाबी-नाकामयाबी का गिला कैसा ? मुझे नहीं चुना गया तो क्या हुआ ? क्या कोई मुझे हॉकी से प्यार करने से रोक सकता है ? 1964 के ओलंपिक में उनके प्रदर्शन पर टिप्पणी करते हुए ऑस्ट्रेलियाई हॉकी पत्रिका 'हॉकी सर्किल' ने लिखा था कि शंकर लक्ष्मण के लिए हॉकी की गेंद फुटबॉल की तरह थी। यह उनके खेल जीवन और प्रसिद्धि का चर्मोत्कर्ष था। वे दुनिया के पहले गोलकीपर कप्तान थे। खेल जीवन के बाद उन्होंने 1992 के बार्सिलोना ओलंपिक में भाग लेनेवाली टीम को कोचिंग भी दी थी। उन्हें 1965 में अर्जुन और 1967 में पद्मश्री पुरस्कार से नवाजा गया।

मध्यप्रदेश के महू में 7 जुलाई, 1933 को जनमे शंकर लक्ष्मण ने न केवल एक फुटबॉलर के रूप में अपना खेल जीवन ही शुरू किया था, बल्कि हीरोज क्लब की स्थापना भी की थी। यह उस वक्त महू का सबसे अच्छा फुटबॉल क्लब था। सेना में आने के बाद ही उनका हॉकी से नाता जुड़ा था। शंकर लक्ष्मण का बेटा मनोहर सिंह भी हॉकी से जुड़ा था, पर उनके पोतों ने पहलवानी को अपनाया था।

इस जाँबाज हॉकी गोलकीपर का निधन बड़ा दर्दनाक रहा। मालवा क्षेत्र के इंदौर जिले के एक छोटे कैंटोमेंट कस्बे महू के लोग उनकी मौत से महज एक महीने पहले ही यह जान पाए कि उनका हीरो खिलाड़ी एक पैर में गैंगरीन से पीड़ित है। डॉक्टरों ने ऑपरेशन की सलाह दी, पर घरवाले नहीं माने। फलस्वरूप उनका 29 अप्रैल, 2006 को निधन हो गया। वे महू में एक तरह से गुमनामी में रहे। इस जिंदादिल खिलाड़ी की अब सुनहरी यादें और सुंदर गले से गाए गए हिंदी फिल्मों के गीत, जिनसे लक्ष्मण अपने साथियों का मनोरंजन करते थे, वही स्मृतियाँ शेष हैं।

❑

स्वर्णिम खिलाड़ी व प्रशिक्षक बाल किशन सिंह

यह कहना आसान नहीं है कि बाल किशन सिंह बड़े खिलाड़ी थे या फिर बेहतर प्रशिक्षक। यदि आँकड़ों की बात की जाए तो वे खेले तो सिर्फ दो ओलंपिक, लेकिन बतौर एक प्रशिक्षक उन्होंने चार अवसरों पर ओलंपिक में हिस्सा लेनेवाली भारतीय टीम को प्रशिक्षण दिया। यही नहीं, वे देश के इकलौते शख्स हैं, जिन्होंने हॉकी में भारत को पहले एक खिलाड़ी और फिर बाद में एक प्रशिक्षक के रूप में ओलंपिक में स्वर्ण पदक दिलाया है। वे ओलंपिक परिवार से भी संबंधित हैं। उनके पिता ब्रिगेडियर दलीप सिंह भी ओलंपियन थे। उन्होंने 1924 और 1928 के ओलंपिक में भारत का प्रतिनिधित्व एथलेटिक्स में किया था। वे लंबी कूद के एथलीट थे। उन्होंने जब लाहौर के एफ.सी. कॉलेज में अपने बेटे बाल किशन का दाखिला कराया था तो कहा था कि मैंने जिस तरह इस कॉलेज के खेल में अपना नाम रोशन किया है, तुम्हें भी उतना ही मान-सम्मान बटोरना होगा। बाल किशन सिंह ने अपने पिता का मान रखा।

बाल किशन सिंह का हॉकी कॅरियर 1954 से शुरू हआ। तब वे उत्तर रेलवे के लिए खेले थे। उनका अंतरराष्ट्रीय कॅरियर 1955 में वारसा पोलैंड में हुए हॉकी मेले से हुआ। इसके अगले साल ही वे 1956 में मेलबर्न ओलंपिक में खेलने की पात्रता पाने में सफल रहे। यहाँ भारत ने बलबीर सिंह सीनियर की कप्तानी में स्वर्ण पदक जीता था। यहाँ वे रक्षण पंक्ति में अडिग चट्टान की तरह साबित हुए। डिफेंडर के रूप में उनका आत्मविश्वास देखते ही बनता था। विरोधी फॉरवर्डों

को उनसे पार पाना अति दुष्कर था। फाइनल में पाकिस्तान के विरुद्ध न खेलने के अलावा वे सभी मैचों में खेले। यहाँ भले ही स्वर्णिम खिलाड़ी व प्रशिक्षक बाल किशन सिंह उनकी साध पाकिस्तान के विरुद्ध खेलने में पूरी नहीं हो सकी, पर वे टोक्यो एशियाई खेलों में अपनी इच्छा पूरी करने में सफल रहे। मैच यद्यपि बाल किशन सिंह के शानदार रक्षण से गोल रहित बराबर रहा, लेकिन पाकिस्तान को बेहतर गोल औसत के आधार पर विजयी घोषित किया गया। फिर एक बार रोम ओलंपिक में पाकिस्तान के विरुद्ध बाल किशन सिंह खेले। यहाँ भी पाकिस्तान चैंपियन बना। दो हारों ने बाल किशन को झकझोर कर रख दिया।

चार साल बाद वे फिर 1960 के रोम ओलंपिक में खेले, जहाँ भारत को पहली बार रजत पदक से संतोष करना पड़ा। इस बीच उन्होंने टोक्यो में हुए एशियाई खेलों 1958 में भी भारत का प्रतिनिधित्व किया।

वे चार ओलंपिक में प्रशिक्षण देनेवाले अकेले प्रशिक्षक भी हैं। पहली बार जब 1968 मैक्सिको में उन्होंने टीम को प्रशिक्षण दिया तो भारत को कांस्य पदक मिला था। 1980 मास्को में उनके प्रशिक्षण का कमाल था कि भारत स्वर्ण पदक पाने में सफल रहा। 1964 के बाद ओलंपिक में भारत का यह पहला और आखिरी स्वर्ण पदक साबित हुआ है। इसके बाद उन्होंने लॉस एंजेल्स 1984 और बार्सिलोना 1992 ओलंपिक में भाग लेनेवाली टीम को प्रशिक्षण दिया था।

जहाँ तक प्रशिक्षक बनने की बात है तो वे दादा ध्यानचंद से प्रभावित होकर इस क्षेत्र में कूदे। ध्यानचंद कुछ समय तक पटियाला स्थित राष्ट्रीय खेल संस्थान एन.आई.एस. में हॉकी के मुख्य प्रशिक्षक थे। उन्होंने भी प्रशिक्षण कोर्स को न केवल पूरा ही किया, बल्कि 93 प्रतिशत अंकों से टॉप भी किया। इसके बाद तो प्रशिक्षण ही उनके जीवन का अभिन्न अंग बन गया था। वे एन.आई.एस. से 1963 में एक प्रशिक्षक के रूप में जुड़े और चार साल बाद मुख्य प्रशिक्षक बन गए। अपना हॉकी ज्ञान बढ़ाने के लिए वे 1967 में पाँच महीने तक ऑस्ट्रेलिया में भी रहे। हॉकी के

बेजोड़ प्रशिक्षक बाल किशन सिंह

चाहे वह जादूगर ध्यानचंद रहे हों या फिर बलबीर सिंह, या फिर लेस्ली क्लाडियस या फिर शंकर लक्ष्मण या फिर मो. शाहिद ही क्यों न रहे हों। सभी भले 3-3 ओलंपिक में खेले, पर सभी सक्रिय हॉकी के बाद ही या तो चयनकर्ता, मैनेजर या फिर प्रशिक्षक बने, लेकिन बाल किशन सिंह प्रशिक्षक बनने का रास्ता उस वक्त चुना जब वे टॉप फार्म में थे। उन्होंने रेलवे की नौकरी छोड़कर एन.आई.एस. में डिप्लोमा कोर्स किया। उन्हें इस दौरान एन.आई.एस. के पहले मुख्य प्रशिक्षक ध्यानचंद का सान्निध्य मिला।

प्रशिक्षक बनना और प्रशिक्षण देना जैसे उनका जुनून था। वे एक दशक तक जरूर भारतीय हॉकी टीम के प्रशिक्षक रहे, लेकिन उन्हें कभी भी एक साथ प्रशिक्षण देने के लिए दो साल से ज्यादा का समय नहीं मिला। बावजूद इसके उन्होंने पूरी तन्मयता और निष्ठा से अपने काम को अंजाम दिया। नतीजतन भारत ने उस दौरान ओलंपिक, विश्व कप, चैंपियंस ट्रॉफी और एशियाई खेलों में कुल मिलाकर 29 मैच जीते, 09 ड्रा रहे और 07 हारे, 07 में से 04 हार तो बार्सिलोना ओलंपिक में मिली। यह उनकी जिंदगी का सबसे खराब दौर था।

प्रति उनका समर्पण कितना था, इसका अंदाजा इस बात से लग जाता है कि उस वक्त ऑस्ट्रेलिया के प्रधानमंत्री मैलकमेजर जब भारत आए तो उन्होंने प्रधानमंत्री मोरारजी देसाई से भेंट के वक्त बाल किशन की हॉकी में की गई सेवाओं का उल्लेख किया। उल्लेखनीय बात यह भी है किजर एक समय हॉकी के अंपायर भी थे। बाल किशन सिंह ने 1965 में ऑस्ट्रेलिया की महिला हॉकी टीम को भी प्रशिक्षण दिया था। यहीं उन्होंने भारतीय हॉकी की स्टाइल को प्रस्तुत किया था।

बाल किशन सिंह केवल प्रशिक्षक ही नहीं थे, बल्कि उन्होंने भारतीय हॉकी को एक नई दिशा देने का भी क्रांतिकारी प्रयास किया। उन्होंने 'टोटल हॉकी' की अवधारणा प्रस्तुत की। उनके अनुसार हॉकी को बास्केटबॉल की तरह खेला जाना चाहिए। बास्केटबॉल में जैसे खिलाड़ी एक साथ आक्रमण करते नजर आते हैं और दूसरे पल एक साथ बचाव भी करने लगते हैं। यद्यपि उनका यह अभिनव प्रयोग फलीभूत नहीं हुआ। यही नहीं, वे पहले भारतीय प्रशिक्षक हैं, जिसने 4-4-2-1 पद्धति का ईजाद किया। उन्होंने दिल्ली एशियाई खेलों में हिस्सा लेनेवाली महिला हॉकी टीम को भी प्रशिक्षित किया था। इस टीम ने स्वर्ण पदक जीता था।

31 दिसंबर, 2004 को 72 वर्ष की उम्र में उनका निधन पटियाला में हुआ। ❑

पेनाल्टी कॉर्नर के महारथी पृथीपाल

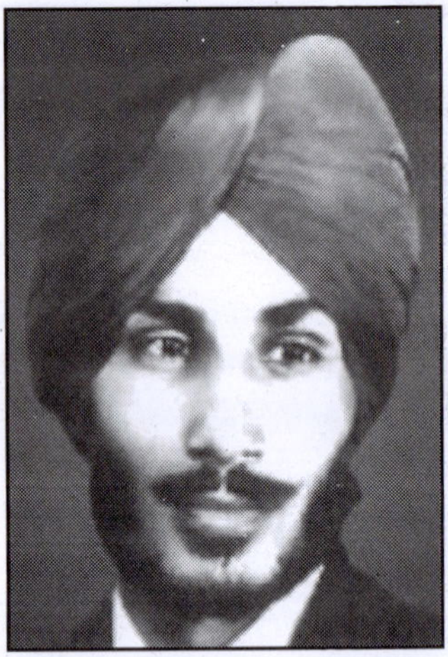

भारतीय हॉकी के पतन और उत्थान के गवाह पृथीपाल सिंह को यह भी अनोखा श्रेय हासिल है कि वे ओलंपिक में भारत के पहले और आखिरी ऐसे कप्तान बने, जिनके साथ गुरबख्श सिंह को भी कप्तानी सौंपी गई थी। यानी एक टीम के दो कप्तान। यह वाक्या 1968 का है। वैसे पृथीपाल सिंह इसके पहले रोम 1960 और टोक्यो ओलंपिक 1964 में भी खेले थे।

सन् 1960 के रोम ओलंपिक में जब भारत एल. क्लाडियस के नेतृत्व में खेला था तो पहली बार ओलंपिक में हार का सामना करने के चलते रजत पदक से संतोष करना पड़ा था। इस तरह भारत की ओलंपिक में बादशाहत का सिलसिला थम गया था। भारत 1928 से लगातार 1956 तक यानी 28 वर्षों तक चैंपियन था। 1964 में पृथीपाल सिंह जब दूसरी बार चरणजीत सिंह की कप्तानी में खेले तो भारत को पुन: विजेता बनने का सम्मान मिला, लेकिन जब उनकी संयुक्त कप्तानी में भारत 1968 में मैक्सिको ओलंपिक में खेला तो पहली बार जोरदार झटका लगा। भारत तीसरे स्थान पर खिसकते हुए अब तक के अपने सबसे खराब प्रदर्शन के कारण कांस्य पदक ही पा सका।

मैक्सिको ओलंपिक के पूर्व पृथीपाल सिंह लुधियाना कृषि विश्वविद्यालय में थे। इसी के चलते वे 1967-1968 में क्लब हॉकी में नहीं खेले। दरअसल विश्व विद्यालय में उप-निदेशक होने की वजह से हॉकी से उनकी दूरी हो गई थी, लेकिन भारतीय हॉकी संघ के अध्यक्ष अश्विनी कुमार उन्हें हर हाल में भारतीय हॉकी टीम में देखना चाहते थे। यही वजह थी कि टीम में वापसी के लिए पृथीपाल ने कप्तान

बनाए जाने की शर्त रख दी। यद्यपि उनकी पेनाल्टी कॉर्नर के महारथी पृथीपाल शर्त मान ली गई, पर इससे गुरबख्श सिंह नाराज हो गए। उनकी नाराजगी जायज भी थी, क्योंकि उन्हीं के नेतृत्व में भारतीय टीम ने यूरोपीय देशों का दौरा किया था। गुरबख्श की नाराजगी दूर करने के लिए उन्हें भी अश्विनी कुमार ने पृथीपाल सिंह के साथ संयुक्त कप्तान बना दिया। इससे सहज ही टीम में मनमुटाव पैदा हो गया और अंततः भारत को कांस्य पदक के लिए भी संघर्ष करना पड़ा।

वैसे पृथीपाल सिंह का एक फुल बैक के रूप में जवाब नहीं था। वे सिर्फ एक खिलाड़ी ही नहीं थे, बल्कि जीत दिलानेवाले नायक भी थे। पेनाल्टी कॉर्नर में सिद्धहस्तता और विशेषज्ञता के कारण ही वे दनादन गोल दागते रहे। तीन ओलपिंक में पेनाल्टी कॉर्नर से 22 गोल दागकर वे आसानी से महान् खिलाड़ी कहलाने का हक रखते हैं। टोक्यो में तो उन्होंने 10 पेनाल्टी कॉर्नर पर सीधा निशाना साधकर भारत को पुनः चैंपियन बनाने में अहम भूमिका निभाई थी। सेमी फाइनल में ऑस्ट्रेलिया के विरुद्ध दो गोल मारे थे। उनकी कलाइयाँ जहाँ अत्यधिक शक्तिशाली थीं तो वहीं पेनाल्टी कॉर्नर पर झन्नाटेदार शॉट मारने में भी माहिर थे। उनकी फिजिकल फिटनेस भी बेजोड़ थी।

ननकाना साहिब पंजाब में 28 जनवरी, 1932 में पैदा हुए पृथीपाल सिंह का उदय भारतीय हॉकी में एक उल्का पिंड की तरह हुआ। पंजाब के लिए पहली ही बार 1957 में राष्ट्रीय हॉकी प्रतियोगिता बंबई में फुल बैक की पोजीशन से खेलते हुए अपने विशिष्ठ खेल से वे खासे चर्चित हो गए। फलस्वरूप वे अगले ही वर्ष 1958 भारतीय टीम में शामिल कर लिये गए। पहले विदेशी दौरे के रूप में वे टीम के साथ पूर्वी अफ्रीका 1959 गए। इसी साल वे यूरोप दौरे के अंतर्गत म्यूनिख मेले में खेले। उन्होंने दो एशियाई खेलों—जकार्ता 1962 और बैंकॉक 1966 में भी भारत का प्रतिनिधित्व किया। बैंकॉक में तो हॉकी

टीम ने स्वर्ण सफलता भी प्राप्त की। पहली बार वह 1967 में भारतीय टीम के कप्तान भी बने। उनके नेतृत्व में भारत पहले मैड्रिड हॉकी मेले और फिर उसी साल भ्रमणकारी पूर्वी जर्मनी टीम के विरुद्ध खेला।

पंजाब पुलिस की सेवा 1963 में छोड़कर वे रेलवे में आ गए। दो साल के अंदर ही पृथीपाल सिंह रेलवे के सर्वश्रेष्ठ खिलाड़ी बन गए। इसके अलावा भारत सरकार ने उन्हें 1961 में अर्जुन पुरस्कार से नवाजा। अर्जुन पुरस्कार पानेवाले वे पहले पुरुष हॉकी खिलाड़ी हैं। 1967 में भारत सरकार ने उन्हें पद्मश्री देकर भी सम्मानित किया।

वे पंजाब कृषि विश्वविद्यालय के युवा कल्याण विभाग के उपनिदेशक लुधियाना में बने। उनका निधन बड़ा ही दुर्भाग्यशाली रहा। उन्हें विश्वविद्यालय परिसर में उन्हीं के छात्र ने 20 मई, 1982 को गोली मारकर मौत की नींद सुला दी। उनकी हत्या से खेल जगत् स्तब्ध रह गया। पेनाल्टी कॉर्नर को गोल में बदलने में बेजोड़ पृथीपल सिंह पर एक फीचर फिल्म भी बनी है। इस फिल्म के बारे में उनकी पुत्री जसप्रीत कौर का कहना है कि भारतीय हॉकी के इस हीरो खिलाड़ी के बारे में नई पीढ़ी को खेल में उनके योगदान की जानकारी मिलती है।

❑

हॉकी के हरफनमौला गुरबख्श

बहुमुखी प्रतिभा के धनी गुरबख्श सिंह का नाता हॉकी से महज एक खिलाड़ी के रूप में ही नहीं रहा है, बल्कि वे इस खेल से हर रूप में जुड़े नजर आते हैं। शायद ही किसी अन्य खिलाड़ी का इस खेल से इतना गहरा रिश्ता हो, जितना गुरबख्श सिंह का रहा है। 50 वर्षों से भी अधिक का समय देकर उन्होंने हॉकी की जो बहुमुखी सेवा की है, उसकी कोई दूसरी मिसाल नहीं है। इस खेल के प्रति उनका समर्पण अद्‌भुत है। वे हॉकी की एक बेमिसाल हस्ती हैं। जब उनका सक्रिय हॉकी से नाता छूटा तो वे युवा खिलाड़ियों को गुरुमंत्र देने लगे। फिर मैनेजर की भूमिका में भी नजर आए। चयनकर्ता का भी उत्तरदायित्व निभाया। इससे भी जी नहीं भरा तो टी.वी. पर कमेंट्री करने लगे और अंत में पत्र-पत्रिकाओं में बेबाक टिप्पणी करने से भी नहीं चूके।

गुरबख्श सिंह एक ऐसे खिलाड़ी हैं, जो जनमे तो पाकिस्तान के पेशावर में 11 फरवरी, 1935 को और पले-बढ़े भी वहीं के एक मशहूर शहर रावलपिंडी में, लेकिन विभाजन के बाद उनका परिवार भारत आ गया। पहले परिवार लखनऊ में बसा। फिर महू के बाद मेरठ में भी इस परिवार का निवास रहा। यहीं से उन्होंने बी.ए. की डिग्री हासिल की। आगरा विश्वविद्यालय से भी उन्होंने शिक्षा ग्रहण की। 1957 में वे कलकत्ता आ गए। यहीं उनका खेल-जीवन परवान चढ़ा।

यद्यपि प्रारंभ में उन्होंने बैडमिंटन खेलना प्रारंभ किया था, लेकिन जल्द ही वे जब लखनऊ में थे, तब स्कूल में हॉकी खेलने लगे थे।

1954-55 में उन्होंने आगरा विश्वविद्यालय का प्रतिनिधित्व किया। अगले ही

साल ओबेदुल्ला गोल्ड कप हॉकी प्रतियोगिता जीतनेवाली टीम के सदस्य थे। राइट बैक और लेट हॉफ पोजीशन से खेलनेवाले गुरबख्श सिंह 1957 में कलकत्ता के ईस्ट बंगाल क्लब से जुड़ गए और क्लब को बेटन कप दिलाने में महत्त्वपूर्ण भूमिका अदा की। इसी साल वे ईस्ट बंगाल को छोड़कर कलकत्ता कस्टम्स में आ गए। कस्टम्स के लिए वे 1958 से 1965 तक खेले। फिर इसे भी छोड़कर 1968 में मोहन बागान क्लब के सदस्य बन गए। इस क्लब के लिए वे 1980 तक खेलते रहे। कलकत्ता लीग और बेटन कप में जितनी सफलताएँ उन्होंने बटोरीं, उस रिकॉर्ड की अन्य कोई बराबरी नहीं कर पाया है। राष्ट्रीय हॉकी में गुरबख्श सिंह ने बंगाल का प्रतिनिधित्व 1957 से 1972 तक किया। इस दौरान कई बार कप्तान भी बने। 1961 में बंगाल को आगा खाँ कप भी दिलाया।

गुरबख्श सिंह के अंतरराष्ट्रीय कॅरियर की शुरुआत विदेशी दौरे से 1960 में न्यूजीलैंड और ऑस्ट्रेलिया जानेवाली भारतीय टीम के साथ हुई। 1962 में वे अहमदाबाद में हुए अंतरराष्ट्रीय हॉकी प्रतियोगिता में खेले। 1963 में लियोंस फ्रांस में हुई अंतरराष्ट्रीय हॉकी प्रतियोगिता में भी टीम के सदस्य थे।

उनकी कप्तानी में भारत ने 1966 बैंकॉक के एशियाई खेलों में हॉकी का स्वर्ण पदक जीता। इसी साल उन्हीं के नेतृत्व में हॉकी टीम ने हैंबर्ग फेस्टिवल जर्मनी और जापान का दौरा किया। 1967 में भी वे कप्तान थे। टीम श्रीलंका और लंदन में हुई प्री–ओलंपिक प्रतियोगिता में खेली। मैक्सिको ओलंपिक 1968 में वे पृथीपाल सिंह के साथ संयुक्त कप्तान थे। यहाँ भारत पहली बार ओलंपिक के फाइनल में पहुँचने से वंचित रह गया था। मैक्सिको ओलंपिक में भारतीय हॉकी की दुर्गति से चिंतित और दुःखी गुरबख्श सिंह इस दुर्दशा के लिए जहाँ स्पष्ट रूप से अपने को दोषी मानते हैं तो वहीं वे इसे अपने खेल–जीवन का सर्वाधिक खराब और दुःखद क्षण भी करार देते हैं। इसी तरह वे अपने हॉकी जीवन के सबसे सुखद और यादगार क्षण के रूप में टोक्यो ओलंपिक 1964 को मानते हैं। उनके अनुसार इसका कारण

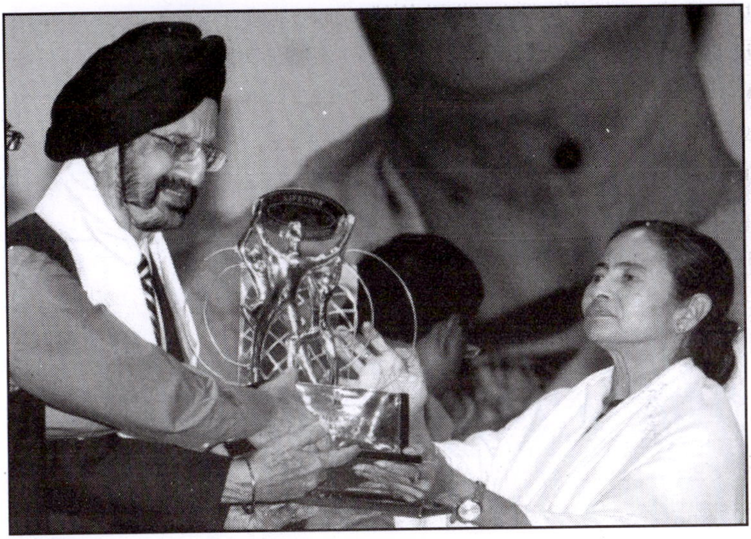

यह नहीं है कि वह अपने पहले ओलंपिक में ही स्वर्ण पदक जीतने में सफल रहे। स्वर्ण पदक जीतना तो गौरव और गर्व की बात थी ही, पर सबसे बड़ी और उल्लेखनीय बात हॉकी पंडितों को गलत साबित कर देना था। सभी पाकिस्तान को ओलंपिक चैंपियन के रूप में देख रहे थे। ऐसे में पाकिस्तान को हराकर ही विजेता बनना ऐतिहासिक बात थी।

सन् 1968 में अंतरराष्ट्रीय हॉकी से संन्यास लेने के बाद उन्होंने प्रशिक्षण और अंपायरिंग की जिम्मेदारी सँभाली। दिल्ली एशियाड 1982 की हॉकी स्पर्धाएँ उन्हीं की देखरेख में हुईं। 1974-75 में उन्होंने फ्रांस की टीम को प्रशिक्षण दिया। मांट्रियल ओलंपिक 1976 में हिस्सा लेनेवाली भारतीय टीम के भी प्रशिक्षक थे। वे पहली बार हॉकी के राष्ट्रीय चयनकर्ता 1973 में बने। फिर यह जिम्मेदारी 1980-85 तक सँभाली। वे 1973 के विश्व कप में और फिर 1983 में चैंपियंस ट्रॉफी में हिस्सा लेनेवाली भारतीय टीम के मैनेजर भी रहे हैं। वे बंगाल हॉकी एसोसिएशन के सचिव भी लंबे समय तक थे।

हॉकी जीवन से हटकर वे कलकत्ता में रहते हुए मोटर के पुरजों का व्यापार करते थे।

❑

'हरिकेन' कहलाए हरबिंदर

अपनी स्पीड और स्टिक वर्क से रक्षा-पंक्ति को भेदने में सिद्धहस्त हरबिंदर सिंह की गणना भारतीय हॉकी इतिहास के सर्वाधिक तेज-तर्रार फॉरवर्ड लाइन के खिलाड़ियों में होती है। वे न केवल एक बेहतरीन खिलाड़ी ही रहे हैं, बल्कि अपने आचार-विचार, व्यवहार और मृदु स्वभाव के चलते हॉकी प्रेमियों के बीच हमेशा चर्चित भी रहे। वे कितने तूफानी गति के फॉरवर्ड थे, इसका अंदाजा इस बात से लग जाता है कि एक बार संन्यास लेने के बावजूद दुबारा फील्ड पर लौटे। दरअसल वे उभरते खिलाड़ियों को मौका देना चाहते थे, इसीलिए जब उन्हें 1970 में बैंकॉक एशियाई खेलों में भाग लेनेवाली भारतीय हॉकी टीम का कप्तान बनाया गया था, तभी उन्होंने यह निश्चय कर लिया था कि भले ही हारें या जीतें, वह संन्यास ले लेंगे। इसके पीछे उनकी यह सोच थी कि पुराने खिलाड़ियों को नए खिलाड़ियों के लिए जगह खाली कर देनी चाहिए, ताकि यह न हो कि इस बीच कोई नई प्रतिभा मौका न मिलने के कारण सामने न आ सके। इस वजह से उन्होंने संन्यास लेने का फैसला किया था। यद्यपि उनकी उम्र उस वक्त 30 साल की थी और वे 1961 से हॉकी खेलते आ रहे थे।

अंतरराष्ट्रीय हॉकी से संन्यास लेने के बावजूद वे 1972 में म्यूनिख ओलंपिक में खेलने के लिए इस वजह तैयार हो गए, क्योंकि उनकी फिर से अत्यधिक आवश्यकता महसूस की जाने लगी थी। भारतीय हॉकी को उनकी आवश्यकता थी। वे भला कैसे इनकार कर सकते थे। उनके अनुसार वह देश को जब भी उनकी सेवाओं की जरूरत होगी, वह कहीं भी, किसी भी स्थान पर खेलने को तैयार थे।

यही वजह थी कि जब उन्हें म्यूनिख जाने के लिए कहा गया तो वे झट से तैयार हो गए।

भारतीय हॉकी के चोटी के कुछ सेंटर फॉरवर्डों में शुमार हरबिंदर सिंह का जन्म भले ही 8 जुलाई, 1943 को क्वेटा अब पाकिस्तान में हुआ था, पर उनकी प्रारंभिक शिक्षा-दीक्षा अमृतसर में हुई। यहीं के खालसा कॉलेज से इंटरमीडिएट किया। वे बहुमुखी प्रतिभा के धनी थे। लिहाजा एक साथ फुटबॉल, हॉकी और एथलेटिक्स से जुड़े हुए थे। शुरू में तो वे फुटबॉल ही खेला करते थे। दसवीं तक वे फुटबॉल ही खेलते रहे। फुटबॉल भी वे सेंटर फॉरवर्ड की पोजीशन से खेलते थे। कॉलेज पहुँचने पर वे हॉकी और एथलेटिक्स में साथ-साथ भाग लेने लगे थे।

गेंद को लेकर वे इतनी तेजी से भागते थे कि न तो कोई आसानी से उनका पीछा ही कर पाता था और न ही कोई उन्हें पछाड़ पाता था। इसकी वजह यही थी कि वे एक अच्छे एथलीट थे। वे 100 मीटर की दूरी 11 सेकेंड में और 200 मीटर का फासला 22.3 सेकेंड में पूरी कर लेते थे। कॉलेज की तरफ से उन्होंने अंतर विश्वविद्यालयीय प्रतियोगताओं में एथलेटिक्स और हॉकी दोनों ही खेलों में भाग लिया। 1959 में उन्होंने अंतर विश्वविद्यालय एथलेटिक्स में पंजाब विश्वविद्यालय का प्रतिनिधित्व किया। 1959 में ही वे पंजाब की तरफ से त्रिवेंद्रम में हुई जूनियर राष्ट्रीय एथलेटिक्स में ट्रैक पर उतरे। राष्ट्रीय हॉकी प्रतियोगता में वे पहली बार 1961 हैदराबाद और 1962 भोपाल में पंजाब की तरफ से खेले। इसके बाद वे रेलवे में सेवारत 1963 होकर रेलवे का प्रतिनिधित्व करने लगे। वे राष्ट्रीय हॉकी में 1961 से लेकर 1972 तक छाए रहे। हॉकी पारखियों की नजर में 1961 में ही आने के बाद उन्हें न्यूजीलैंड और ऑस्ट्रेलिया के दौरे पर जानेवाली टीम में शामिल कर लिया गया।

इसके बाद तो उन्होंने पीछे मुड़कर देखा ही नहीं। 1962 में अहमदाबाद और 1963 में लियोंस फ्रांस में भी हुए अंतरराष्ट्रीय हॉकी टूर्नामेंट में खेले। हैंबर्ग और लंदन में हुई अंतरराष्ट्रीय प्रतियोगताओं में भी वे भारतीय हॉकी टीम के प्रमुख सदस्य थे।

हरबिंदर सिंह वैसे तो ध्यानचंद और बलबीर सिंह सरीखे दिग्गजों के मुकाबले उतने धुरंधर सेंटर फॉरवर्ड नहीं थे, लेकिन उनका भी विपक्षी टीम पर आतंक बना रहता था। वे इतना तेज, सटीक और स्किलफुल खेलते थे कि उनका निक नेम 'हरिकेन' हरबिंदर पड़ गया।

उनके सर्वश्रेष्ठ मैचों में पाकिस्तान के विरुद्ध हैंबर्ग टूर्नामेंट में खेला गया 19 मई, 1966 का मैच है। उन्होंने एक गोल तो बुली ऑफ के साथ ही कर डाला। इस दौरान उन्होंने 4–5 पाक खिलाड़ियों को छकाते हुए गोल किया। उनसे बॉल छीनना तो दूर कोई बॉल छू नहीं सका था। उनके इस प्रदर्शन से खिलाड़ी और दर्शक सभी भौंचक रह गए थे। वे हॉकी इंडिया द्वारा गठित नौ सदस्यीय जाँच समिति के अध्यक्ष होने के साथ भारतीय हॉकी टीम के चयनकर्ता भी हैं। वे दिल्ली में रहते हैं।

हरबिंदर सिंह को तीन ओलंपिक में खेलने का मौका मिला। पहली बार वे टोक्यो ओलंपिक 1964 में खेलने के बाद मैक्सिको सिटी 1968 और म्यूनिख 1972 ओलंपिक में भी खेले। टोक्यो में भारत को स्वर्ण पदक और इसके बाद के दोनों ओलंपिक में कांस्य पदक मिला था। 1966 के एशियाई खेलों में पहली बार शामिल हरबिंदर सिंह बैंकॉक 1970 के एशियाई खेलों में हॉकी टीम के कप्तान थे। यहाँ भी भारतीय टीम फाइनल में पाकिस्तान से हार गई थी। स्वदेश लौटते ही उन्होंने संन्यास की घोषणा कर दी।

सक्रिय हॉकी से अलग होने के बाद वे प्रशिक्षण से जुड़ गए। 1982–198 3 में वे भारतीय जूनियर हॉकी टीम के सहायक प्रशिक्षक बने। 1986 के बैंकॉक एशियाई खेलों 'सियोल' में कांस्य पदक जीतनेवाली भारतीय महिला हॉकी टीम के भी वे प्रशिक्षक थे। इसके पहले 1985 में पहली इंदिरा गांधी अंतरराष्ट्रीय महिला हॉकी प्रतियोगिता में भी महिला हॉकी टीम को प्रशिक्षण दिया था।

हॉकी में अतुलनीय योगदान के लिए उन्हें 1967 में अर्जुन पुरस्कार और 1971–1972 में रेलवे के सर्वश्रेष्ठ खिलाड़ी का सम्मान मिला।

❑

विश्वकप के नायक अजित पाल सिंह

15 मार्च, 1975 का दिन भारतीय हॉकी के गौरवपूर्ण इतिहास में एक और सुनहरा पृष्ठ जोड़नेवाला दिन है। इस दिन भारत ने तीसरे विश्वकप के फाइनल में पाकिस्तान को 1-0 से हराकर न केवल स्वर्णिम सफलता हासिल की, बल्कि नया इतिहास भी रचा। नहीं तो 6 बार के ओलंपिक चैंपियन भारत का विश्वकप जीतना एक सपना सा बन गया था। यह माना जाने लगा था कि अब भारतीय हॉकी का स्वर्ण युग समाप्त हो गया है। उल्लेखनीय है कि विश्वकप की जीत से पहले भारत ने 11 साल पहले अंतिम बार 1964 के टोक्यो ओलंपिक में स्वर्ण पदक जीता था।

क्वालांलपुर में भारतीय हॉकी को सफलता की नई ऊँचाइयों तक पहुँचानेवाली टीम के कप्तान अजित पाल सिंह थे। यही नहीं, अजित पाल सिंह का विश्वकप में जितना शानदार और जानदार रिकॉर्ड है, उतना किसी अन्य का नहीं। वे जब बार्सिलोना 1971 में हुए पहले विश्वकप में खेले थे, तब भारत को तीसरा स्थान यानी कांस्य पदक मिला था। फिर दो साल बाद जब एम्सटर्डम 1973 में दूसरा विश्वकप खेला गया, तब भारत एक पायदान उठकर फाइनल में हालैंड से 6-4 गोलों से पेनाल्टी स्ट्रोक लगाकर दूसरे स्थान यानी रजत पदक का अधिकारी बना। इस तरह अजित पाल ने तीन विश्वकप खेले। तीनों में ही उन्हें कोई-न-कोई पदक या यूँ कहें स्वर्ण, रजत और कांस्य तीनों पदक जीतने का अद्‌भुत संयोग मिला। वे पहले विश्वकप में खेलनेवाली भारतीय हॉकी टीम के भी कप्तान थे।

विश्व हॉकी में बतौर एक सेंटर हॉफ अपनी धाक और साख जमाने वाले

अजित पाल तीन विश्व कप की तरह तीन ओलंपिक में भी खेले। मैक्सिको 1968 और म्यूनिख 1972 के बाद मांट्रियल ओलंपिक 1976 में तो वे भारतीय टीम के कप्तान ही थे। मैक्सिको और म्यूनिख में भारत ने भले ही कांस्य पदक जीता, लेकिन मांट्रियल में तो आकर भारतीय हॉकी का जनाजा ही निकल गया। 11 देशों के बीच भारत 7वें स्थान पर पिछड़ गया।

इसके अलावा अजित पाल 1970 'बैंकॉक' में एशियाई खेलों में पहली बार खेलने के बाद तेहरान 1974 के एशियाई खेलों में टीम के कप्तान थे। इन दोनों ही एशियाई खेलों में भारत को रजत पदक मिला था।

अजित पाल सिंह न केवल ओलंपिक, विश्वकप एवं एशियाई खेलों में ही भारतीय टीम के कप्तान रहे, बल्कि उन्होंने एशियाई टीम का भी नेतृत्व किया। उनकी कप्तानी में भी एशियाई टीम सितंबर 1974 में यूरोप के विरुद्ध खेली। इस मैच का आयोजन अंतरराष्ट्रीय हॉकी संघ की 50वीं वर्षगाँठ के उपलक्ष्य में किया गया था। 1974 में वे एशियाई टीम के कप्तान थे तो 1970 पहली बार एशिया ऑल स्टार टीम में चयनित हुए थे।

हॉकी के लिए चर्चित पंजाब के संसारपुर में 15 मार्च, 1947 में जनमे अजित पाल सिंह का रुझान शुरू से ही हॉकी की तरफ था। स्कूली जीवन, जब वे जालंधर

के कैंटोंमेंट बोर्ड हायर सेकेंडरी के छात्र थे, तभी से हॉकी से जुड़ गए थे। 1963 में जब वे पंजाब स्कूल टीम में थे, तब फुल बैक की पोजीशन से खेलते थे। इसके बाद वे जालंधर के लायलपुर खालसा कॉलेज के लिए खेले। यह वही कॉलेज है, जहाँ हॉकी की शिक्षा ग्रहण की है। 1966 में वे पहली बार बतौर कप्तान अंतर विश्वविद्यालय हॉकी प्रतियोगिता में पंजाब विश्वविद्यालय के लिए खेले थे। 1968 में जब वे संयुक्त विश्वविद्यालय की टीम में खेले तो पोजीशन बदलकर सेंटर हॉफ की जगह थे। आगे से वे इस पोजीशन पर ताउम्र खेले। वे सीमा सुरक्षा बल की सेवा में आने के बाद सेना की तरफ से राष्ट्रीय हॉकी प्रतियोगिता में भाग लेते रहे।

अजित पाल सिंह का अंतरराष्ट्रीय कॅरियर 1966 में जापान जानेवाली टीम में चयन के साथ हुआ, पर सही मायनों और वास्तविक रूप में उन्हें भारतीय टीम में 1967 में लंदन में आयोजित प्री-ओलंपिक टूर्नामेंट में शामिल किया गया। उस वक्त वे पढ़ाई ही कर रहे थे। इसके बाद उन्होंने पीछे मुड़कर नहीं देखा और भारतीय टीम के नियमित सदस्य बन गए। मैक्सिको ओलंपिक 1968 में हॉकी टीम का प्रदर्शन यद्यपि स्वर्णिम नहीं रहा, लेकिन उनके शानदार स्टिक वर्क से सभी अचंभित हो गए। उन्होंने फॉरवर्ड लाइन को अपने बुद्धिमत्तापूर्ण खेल और पास से जहाँ गतिमान कर दिया, वहीं उनकी उपस्थिति से हाफ लाइन जीवंत रहने लगी। वे बहुत ही चतुर एवं चालाक सेंटर-हाफ होने के साथ-ही-साथ विपक्षी फॉरवर्डों के आपसी 'पासों' में बाधा डालने में भी प्रशंसनीय ढंग से तेज थे। अपने पोजीशन पर

पहले ओलंपिक पदक विजेता, दल नायक

दो बार विश्वकप में भारत की कप्तानी का और एक बार विश्वकप दिलाने का अनूठा रिकॉर्ड रखनेवाले तीन बार के ओलंपियन अजित पाल सिंह को इस बात का भी सबसे पहले श्रेय जाता है कि वे ओलंपिक में भारतीय दल के ऐसे पहले दलनायक हैं, जिसने ओलंपिक में दो बार 1968 एवं 1972 कांस्य पदक जीता है। इसके अलावा वे मांट्रियल ओलंपिक 1976 में भारतीय हॉकी टीम के कप्तान भी थे। दल नायक का सम्मान उन्हें 2012 के लंदन ओलंपिक में मिला था। यह अलग बात है कि वे वहाँ किन्हीं कारणों से नहीं जा सके थे।

उन्हें 7 अगस्त, 2014 को द्रोणाचार्य पुरस्कार समिति का चेयरमैन बनाया गया। इसके पहले वे भारतीय ओलंपिक एसोसिएशन द्वारा गठित पाँच सदस्यीय राष्ट्रीय हॉकी चयन समिति में बतौर सदस्य रहे हैं। इस समिति का चेयरमैन ओलंपियन असलम शेर खाँ को बनाया गया था, पर बाद में यह जिम्मेदारी अजित पाल को सौंपी गई।

अत्यधिक निपुणता और चतुरता के चलते ही उन्हें विश्व हॉकी टीम में एक नहीं, बल्कि तीन अवसरों पर शामिल किया गया। वे 1971,72 और 73 में लगातार तीन वर्षों तक विश्व एकादश टीम में रहे। 1971 में वे पहली बार भारतीय हॉकी टीम के कप्तान बने थे। उनकी कप्तानी में भारत ने सिंगापुर का पोस्ट शुआन टूर्नामेंट जीता।

मांट्रियल ओलंपिक 1976 में उनकी कप्तानी में भारत की जो दुर्दशा हुई उससे सारा देश जहाँ हतप्रभ था, वहीं अजित पाल भी अत्यधिक दुःखी और निराश थे। आलोचनाओं के न थमते दौर ने अजित पाल सिंह को इतना मर्माहत किया कि उन्होंने अंतरराष्ट्रीय हॉकी से संन्यास ही ले लिया। इस शर्मनाक हार का कोई उत्तर नहीं दे पा रहा था, जबकि मांट्रियल में कमोवेश वही टीम थी, जिसने एक वर्ष पूर्व कोलालामपुर में विश्वकप जीता था। संन्यास के बावजूद उन्होंने हॉकी को पूरी तरह तिलांजलि नहीं दी थी। सीमा सुरक्षा बल में डिप्टी कमांडेंट पद पर रहते हुए भी वे खेलते रहे।

अंतरराष्ट्रीय हॉकी से संन्यास के चार वर्षों बाद वे पुनः मैदान पर लौटे और 1980 में कराची में हुए चैंपियंस ट्रॉफी में खेले। भारत के लिए यह उनका अंतिम अंतरराष्ट्रीय मैच था।

उन्हें 1972 में अर्जुन पुरस्कार मिला, जबकि 1992 में पद्मश्री से सम्मानित हुए। ❑

योग्य पिता के योग्य पुत्र अशोक

योग्य पिता के योग्य पुत्रवाली कहावत अशोक कुमार पर पूरी तरह सटीक बैठती है। पिता ध्यानचंद तो हॉकी के जादूगर तक कहलाए, जबकि अशोक कुमार को भारतीय हॉकी का बहुत बड़ा आर्टिस्टिक खिलाड़ी होने का गौरव मिला। वे ड्रिब्लिंग करने में बेजोड़ थे, लेकिन एक समय उन पर यह आरोप लगा कि वे टीम के लिए नहीं, बल्कि व्यक्तिगत खेल में यकीन रखते हैं और 'गैलरी' के लिए खेलते हैं। अशोक कुमार पर यह आरोप लगानेवाले भूल जाते हैं कि हॉकी के इस सितारे के बदौलत ही और उसी के गोल से भारत ने 1975 विश्वकप जीता था। विश्वकप हॉकी में यह जीत आज भी हमारे लिए एक धरोहर है, क्योंकि उसके बाद से भारत विश्वकप हॉकी में जीतना तो दूर, अच्छा प्रदर्शन करने में भी असफल रहा है।

अशोक के ऐतिहासिक गोल ने भले ही भारत को विश्व हॉकी में एक बार पुन: शीर्ष पर ला दिया, लेकिन पाकिस्तान ने फाइनल में ही अपनी हार को स्वीकारने के बजाय अशोक द्वारा मारे गए गोल को मानने से ही इनकार कर दिया। इस तरह पाकिस्तानी खिलाड़ियों और अधिकारियों ने इस गोल को विवादास्पद बनाने में कोई कोर-कसर नहीं छोड़ी। विश्वकप खत्म हो जाने के बाद भी पाकिस्तान में इस गोल को लेकर बवंडर मचा रहा। लोग कर्नल दारा को जिम्मेदार मानकर उनके विरोध में उठ खड़े हुए। खेल मैदान पर भी पाक खिलाड़ियों ने विरोध तो जरूर किया, पर जल्द ही शांत भी हो गए, क्योंकि उन्हें डर था कि यदि उन्होंने म्यूनिख ओलंपिक में जिस तरह अभद्रता की थी, उसी तरह यदि यहाँ भी वे उत्पात मचाते रहे तो उन पर भी अंतरराष्ट्रीय प्रतियोगिताओं में भाग लेने पर प्रतिबंध लग सकता है।

भारत के हाथों हुई इस हार का पाकिस्तान में इतना जबरदस्त दुष्प्रभाव पड़ा कि वहाँ के हॉकी अधिकारियों ने इसे कर्नल दारा की एक साजिश करार देते हुए प्रधानमंत्री जुल्फिकार अली भुट्टो से इस पूरे प्रकरण की उच्चस्तरीय जाँच कराने की माँग तक कर डाली। कर्नल दारा उस समय पाक हॉकी के सर्वेसर्वा थे।

जहाँ तक इस गोल की बात है, भले ही पाक ने उसे विवादास्पद गोल माना, लेकिन इस गोल को करनेवाले अशोक कुमार आज भी यही कहते हैं कि वह सही गोल था। इसके लिए बाकायदा वे एक नक्शा बनाकर समझाने भी लगते हैं। इस बारे में उनका कहना है कि हमें एक 'लॉन्ग कॉर्नर' मिला था, जिसे असलम शेर खाँ ने लगाया था। उसे एक पाकिस्तानी रक्षक ने रोक लिया था। उस समय गेंद 'डी' में ही थी और मैं भी 'डी' के ही अंदर था। गेंद मेरे पास आई और मैंने झट से उसे फिलिप्स की ओर बढ़ा दिया। फिलिप्स थोड़ा आगे बढ़े और गेंद मुझे पुनः लौटा दी। मैंने उस गेंद को जोर से मारा, जिससे गेंद दाईं ओर के तख्ते के भीतरी भाग से लगकर 'स्पिन' हो गई और गोल लाइन को पार करने के बाद फिर लौट आई। चूँकि गेंद गोल लाइन को पार कर गई थी, इसलिए वह गोल माना गया। गोल के लिए गेंद का गोल लाइन पार करना जरूरी होता है। यह जरूरी नहीं है कि गेंद फड़े पर टकराए या 'ठा' की आवाज आए। वह गोल था और बिल्कुल साफ गोल था। यही वजह थी कि अंतरराष्ट्रीय ख्याति प्राप्त अंपायर विजयनाथन ने पूरी जाँच-पड़ताल और आश्वस्त होने के बाद ही गोल दिया, लेकिन पाकिस्तान के लोगों ने विजयनाथन को भी नहीं बख्शा। कहनेवालों ने तो यहाँ तक कहा कि वे भले ही मलेशिया के रहने वाले हैं, लेकिन वे वास्तव में 'हिंदू' हैं। यह एक तरह से घटिया मानसिकता का परिचायक है कि जब तक पाकिस्तान जीतता रहा, तब तक वे अंपायर ठीक थे, लेकिन जैसे ही पाकिस्तान

के विरुद्ध गोल दिया तो वे गलत हो गए और गलत भी इसलिए कि वे हिंदू हैं।

भले ही अशोक कुमार आला दरजे के अपने ढंग के अनोखे खिलाड़ी रहे, लेकिन अकसर वे विवादों से घिरे रहे। विश्वकप में विवादास्पद गोल ने जहाँ उनका पीछा नहीं छोड़ा था, वहीं 1972 में म्यूनिख ओलंपिक में हुई हार पर भी उन्हें स्पष्टीकरण देना पड़ा था। यद्यपि यह सफाई उन्हें अपने 'बाबूजी' को देनी पड़ी थी। दद्दा ध्यानचंद म्यूनिख ओलंपिक में भारत की हॉकी में हुई हार से काफी दु:खी थे। जब अशोक का सामना दद्दा से हुआ तो वे यह पूछ ही बैठे कि तुम लोगों को जब गोल करने के इतने अच्छे अवसर मिले तो तुम लोगों ने उसे गँवा कैसे दिया? अशोक कुमार ने दद्दा को भी समझाने की न केवल कोशिश ही की, बल्कि उसी तरह खड़े होकर खेलकर भी दिखाकर समझाने की कोशिश की, जबकि दद्दा ने केवल इतना ही कहा कि हमारे जमाने के खिलाड़ी ऐसी चूक या भूल नहीं किया करते थे। इसके बाद वे चुप हो गए। अशोक उनसे बहुत कुछ कहना चाहते थे, लेकिन उनके कथनानुसार इतना सुनने के बाद कुछ कहने की हिम्मत नहीं हुई और वे चुप हो गए।

जहाँ तक अशोक कुमार की बात है तो वे म्यूनिख ओलंपिक में तो खेले ही, इसके साथ ही वे मांट्रियल ओलंपिक 1976 में भी भारतीय टीम के एक प्रमुख सदस्य थे। दो-दो ओलंपिक खेलनेवाले अशोक कुमार ने दो एशिया खेलों में भाग लिया। पहली बार वे 1974 में तेहरान एशियाड में और दूसरी बार 1978 में बैंकॉक में खेले। इसके अलावा उन्होंने कई अंतरराष्ट्रीय मुकाबलों में भारत का प्रतिनिधित्व किया। विश्वकप के पहले तीन टूर्नामेंटों में उन्हें खेलने का गौरव हासिल है। पहला विश्वकप बार्सिलोना 1971 और दूसरा विश्वकप 1973 में एम्सटर्डम में हुआ था। तीसरे विश्वकप 1975, कोलालामपुर में तो वे भारतीय जीत के नायक ही थे। इस तरह शुरुआत के तीनों विश्वकप में हिस्सा लेनेवाले भारत के वे एकमात्र अद्वितीय खिलाड़ी हैं।

अशोक कुमार इतने बड़े खिलाड़ी जरूर बने, लेकिन आश्चर्य की बात यह है कि दद्दा ने उन्हें कभी भी इस खेल की ए बी सी डी नहीं सिखाई। ए बी सी डी की बात छोड़ दें तो 1971 तक दद्दा ने अशोक को मैदान में खेलते तक नहीं देखा था। अशोक के ही अनुसार 1971 में बैंगलोर (अब बेंगलुरू) नेशनल में दद्दा ने पहली बार मुझे खेलते देखा था।

संयोग की बात यह है कि उस वक्त बैंगलोर में उनके चाचा रूप सिंह भी मौजूद थे। अशोक के खेल के बारे में जब पत्रकारों ने जानना चाहा तो दद्दा ने जवाब

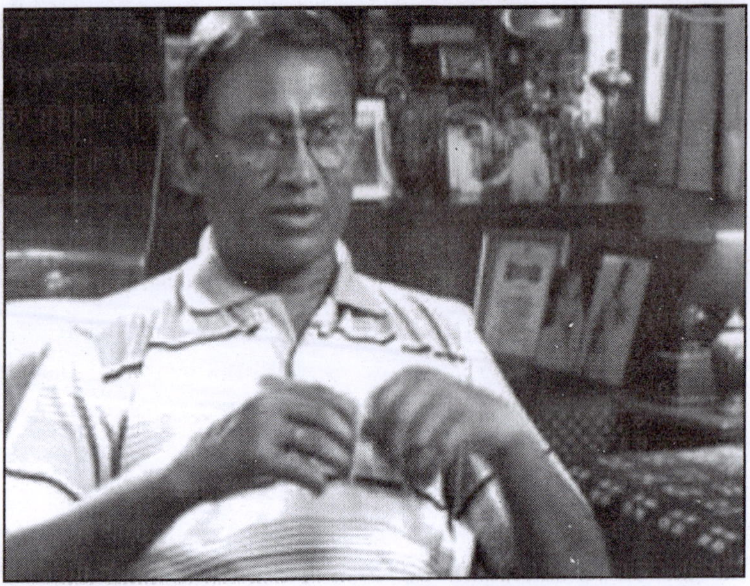

दिया, ठीक है, लेकिन इसे अभी बहुत कुछ सीखना है। इस समय यह जो खेल रहा है, यह पूरी हॉकी नहीं है। अशोक को हॉकी उनके चाचा रूप सिंह ने सिखाई थी।

अशोक कुमार झाँसी में 1 जून, 1950 को जनमे थे। उनके सात भाई और चार बहनें हैं। सबसे बड़े भाई ब्रजमोहन सिंह कोटा में हॉकी के प्रशिक्षक रहे। ब्रजमोहन के बाद सोहन सिंह ने भले ही हॉकी नहीं खेली, लेकिन राज कुमार हॉकी के अच्छे खिलाड़ी रहे। वे मोहन बागान की ओर से खेले। जब-जब राज कुमार और अशोक कुमार साथ-साथ खेले, तब-तब लोगों को ध्यानचंद और उनके छोटे भाई रूप सिंह की याद जरूर आई। राज कुमार हाफ लाइन के खिलाड़ी थे। अशोक कुमार के अनुसार, राज कुमार मुझसे अच्छे खिलाड़ी थे, चूँकि उस समय भारतीय टीम को हाफ लाइन की नहीं, फॉरवर्ड की जरूरत थी, इसलिए मुझे टीम में शामिल कर लिया गया। 1969 में जब वे नेहरू हॉकी प्रतियोगिता में संयुक्त विश्वविद्यालय टीम की ओर से भाग लेने आए थे, तभी वे लोगों की आँख का तारा अपने खेल से बन बैठे थे। पहले अशोक कुमार मोहन बगान की ओर से भी खेले। बाद में उन्होंने इंडियन एयरलाइंस ज्वॉइन कर ली और उसी की तरफ से राष्ट्रीय एवं अंतरराष्ट्रीय प्रतियोगिताओं में खेलते रहे। सौ से भी अधिक अंतरराष्ट्रीय मैचों में शिरकत करनेवाले अशोक कुमार ने ढेरों गोल भी किए। वे राइट इन पोजीशन

से खेला करते थे। सक्रिय हॉकी से नाता टूटने के बाद भी वे हॉकी मैदान से दूर नहीं हुए। पहले वे जरूर अपने संस्थान इंडियन एयरलाइंस के लिए खेलते रहे। बाद में उन्होंने एयरलाइंस टीम को प्रशिक्षण भी दिया। वे महिला हॉकी से भी एक प्रशिक्षक के रूप में जुड़े। उन्होंने 9 जून, 1994 को भारतीय महिला हॉकी टीम के प्रशिक्षक का पद सँभाला।

अशोक को इस बात का बड़ा गर्व है कि अंततः सरकार ने हॉकी के जादूगर को याद करते हुए उनके जन्मदिन 29 अगस्त के दिन को खेल-दिवस के रूप में मनाने की परंपरा आरंभ की। वे 1998 में भारतीय हॉकी संघ के चयनकर्ता थे। पत्नोन्मुख भारतीय हॉकी के बारे में अशोक कुमार का कहना है कि उद्धार तभी संभव है, जब एक सुनियोजित कोचिंग प्रोग्राम जूनियर स्तर से चलाया जाए। आज भारतीय हॉकी में योजनाबद्ध तरीके से काम करने का अभाव है और हॉकी उन लोगों के हाथों में है, जिनका कभी इस खेल से वास्ता ही नहीं था।

ओलंपियन अशोक कुमार जन्मे तो झाँसी में, ताउम्र रहे दिल्ली में इंडियन एयरलाइंस की सेवा में और अब जिंदगी के उत्तरार्द्ध में दोनों जगहों से दूर मध्य प्रदेश की राजधानी भोपाल में डेरा डाले हुए हैं। भोपाल में उनके होने का एक खास मकसद है। वे 30 मई, 2007 को रिटायर होने के अगले ही दिन यानी 1 जून से भोपाल स्थित हॉकी एकेडमी से जुड़ गए। वे तो मध्य प्रदेश सरकार के शुक्रगुजार हैं कि उन्हें इसके लिए चुना गया। वे खुद रिटायर होने के बाद ऐसे ही कार्य से जुड़ना चाहते थे। अशोक कुमार का कहना है कि हॉकी को लेकर मध्य प्रदेश सरकार कॉफी गंभीर है। हॉकी एकेडमी से इस सरकार ने जो पहल की शुरुआत की है, वह अपने आप में अनोखी है। वे यहाँ से हॉकी के उन होनहारों को पैदा करना चाहते हैं, जो भारतीय हॉकी का गौरव लाने में सक्षम हों। वैसे तो यह कार्य बड़ा कठिन है, पर अशोक कुमार ने इसे चुनौती के रूप में लिया है।

हॉकी किस तरह बढ़े, इसको लेकर किसी के चिंतित न होने की वजह से वे वर्तमान दशा और हालात को लेकर चिंतित एवं व्यथित हैं। उनका कहना है कि हॉकी को लेकर जो कार्य होना चाहिए था और जिस पर उन्हें गर्व था, वह कई सालों से 'मिस' हो रही है।

❑

खिलाड़ी, कोच प्रशासक सब बने गणेश

एम.पी. गणेश यानी मुलेरा पुव या गणेश सिर्फ एक खिलाड़ी ही नहीं रहे हैं, बल्कि एक सैनिक के रूप में भी देश की सेवा की है। इसके अलावा वे हॉकी टीम के कप्तान भी बने, प्रशिक्षक का भी उत्तरदायित्व निभाया और अंततः एक खेल प्रशासक की भूमिका में खेल-जगत् को लाभान्वित भी किया।

मजे की बात यह है कि वे पहले फुटबॉल ही खेला करते थे। उनके खेल जीवन की शुरुआत फुटबॉल से ही हुई थी। जिला स्तरीय फुटबॉल वे 1960 से लेकर 1964 तक खेले। सेना में आने के बाद ही वे हॉकी से जुड़े। फिर तो उनका 1966 से हॉकी खेलने का जो सिलसिला शुरू हुआ, वे 1974 तक बदस्तूर चलता रहा। खेल में अच्छा-खासा दखल रखने के साथ ही वे पढ़ाई में भी पीछे नहीं रहे। पोस्ट ग्रेजुएशन जहाँ इंग्लिश में किया तो वहीं, डॉक्टरेट की उपाधि शारीरिक शिक्षा में प्राप्त की। स्पोर्ट्स प्रशिक्षण के लिए डिप्लोमा डिग्री राष्ट्रीय क्रीडा संस्थान, पटियाला से हासिल की।

8 जुलाई, 1946 को दक्षिण भारत के कर्नाटक के कोडगू जिले में जनमे गणेश ने 1965 से 1973 तक सेना का प्रतिनिधित्व राष्ट्रीय हॉकी प्रतियोगिता में किया। 1974 की राष्ट्रीय हॉकी में वे बंबई के लिए खेले। भारतीय टीम में वे 1970 में शामिल हुए। बैंकॉक 1970 में हुए एशियाई खेलों में पहली बार हिस्सा लेने के बाद वे दूसरी बार तेहरान एशियाई खेलों 1974 में भी खेले। दोनों अवसरों पर हॉकी टीम ने रजत पदक जीता था। इस बीच उन्होंने 1972 में म्यूनिख ओलंपिक में भी भारत का प्रतिनिधित्व किया। भारत को यहाँ तीसरे स्थान पर पिछड़ने के चलते कांस्य पदक मिला था। 1971 में बार्सिलोना स्पेन में हुए पहले विश्वकप हॉकी में भी वे खेले। यहाँ भारत को कांस्य पदक प्राप्त हुआ था, जबकि अगले विश्वकप 1973,

एम्सटर्डम में जब भारतीय टीम उनकी कप्तानी में खेली तो भारत एक पायदान ऊपर उठकर रजत पदक जीतने में कामयाब हुआ था। आला दरजे के राइट आउट एम.पी. गणेश ने अपने तेज-तर्रार और जोरदार खेल से 1972 की विश्व एकादश और दो बार 1970 एवं 1974 एशियाई एकादश की टीम में स्थान पाया। उनका खेल-जीवन असमय ही घुटने की चोट की वजह से जल्दी समाप्त हो गया। भारत के लिए अंतिम मैच उन्होंने 1974 में खेला। इस दौरान उन्होंने कुल मिलाकर 100 से अधिक मैच खेले। वे सेंटर फॉरवर्ड की पोजीशन से खेलने में माहिर थे।

वे चोटग्रस्त हुए तो क्या हुआ। भले ही स्टिक को खूँटी पर टाँग दिया, पर मैदान में डटे रहने की अदम्य लालसा के चलते उन्होंने प्रशिक्षक बनकर खेल से नजदीकी रिश्ता बनाए रखा। सियोल ओलंपिक 1988 में खेलनेवाली भारतीय टीम को प्रशिक्षण देने के अलावा, वे मुख्य रूप से 1989 में चैंपियंस ट्रॉफी 'बर्लिन', 1990 में इंदिरा गांधी अंतरराष्ट्रीय हॉकी प्रतियोगिता 'लखनऊ' एवं 1990 के विश्वकप 'कराची' में खेलनेवाली हॉकी टीम के प्रशिक्षक थे। उनके प्रशिक्षण का सबसे शानदार वर्ष 1980 था। जब मास्को में भारतीय हॉकी टीम ने अंतिम बार ओलंपिक में स्वर्ण पदक जीता था। कोलालामपुर में हुए राष्ट्रमंडल खेलों 1998 में हिस्सा लेनेवाली टीम के लिए बनी प्रशिक्षण समिति का चेयरमैन उन्हें भारतीय हॉकी संघ ने बनाया था। इसी तरह 1998 के एशियाई खेलों 'बैंकॉक' में भी भाग लेनेवाली टीम के लिए बनी प्रशिक्षण समिति के भी चेयरमैन थे।

प्रशिक्षण से अलग होने के बाद एम.पी.गणेश ने एक खेल प्रशासक के रूप में अपनी सेवाएँ दीं। कर्नाटक के पूर्व मुख्यमंत्री आर. गुंडू राव की पहल पर वे इस क्षेत्र में आए। गणेश ने 1974-77 के दौरान विदेशी क्लब मसलन इटली के मशहूर क्लब लेवाटें इंश्योरेंस कंपनी को प्रशिक्षण दिया। इटली के इस क्लब के लिए खेले भी। उन्होंने बेंगलुरू के श्री कांतीवीरा स्टेडियम में हॉकी के मुख्य प्रशिक्षक के रूप में भी प्रशिक्षण दिया। यहाँ वे तीन सालों तक रहे। इस दौरान एक बार उन्हें अंतर राज्य स्पर्धा में मुख्य अतिथि बनाया गया था। तब वहाँ प्रदेश के खेल एवं युवा सेवाओं के मंत्री गुंडू राव ने उनसे राज्य में खेलों के प्रोत्साहन के लिए सरकारी सेवा में आने का आमंत्रण दिया। उन्होंने ठेके पर युवा सेवाओं के विभाग में विशेष अधिकारी खेल के रूप में कार्य करना प्रारंभ कर दिया।

1986 में साईं के महानिदेशक नरेंदर सिंह ने उन्हें दिल्ली में उप निदेशक प्रशिक्षण के पद का न्योता दिया। गणेश ने सहर्ष यह पद स्वीकार कर लिया, क्योंकि यहाँ एक तरफ काम की सुरक्षा थी तो वहीं दूसरी तरफ खेलों में और योगदान

देने का अवसर था। इसके बाद वे एन.आई.एस. पटियाला के निदेशक भी बने। इसी दौरान उनका चयन इंफाल के रीजनल सेंटर में निदेशक पद पर भी हो गया। यहाँ वे दो सालों तक रहे।

1987 में गणेश की सेवाओं को विस्तार मिला। वे सरकार और भारतीय हॉकी संघ दोनों की रजामंदी से राष्ट्रीय प्रशिक्षक बनाए गए। वे केवल नाम के ही राष्ट्रीय प्रशिक्षक नहीं थे, बल्कि टीम के नियंत्रण के सारे अधिकार भी उनके पास थे। इसी का परिणाम था कि सियोल ओलंपिक 1988 में हॉकी टीम दूसरे स्थान पर रही, लेकिन 1990 में लाहौर में हुए विश्वकप में टीम बड़े शर्मनाक ढंग से 10वें स्थान पर लुढ़क गई, लेकिन इसकी भी ठोस वजह थी। गणेश के अनुसार टीम को होटल में कैदियों की तरह रखा गया था। हम अभ्यास के लिए भी बाहर नहीं जा सकते थे और न ही दूसरी टीमों के खेल देखने की इजाजत थी। केवल हम मैच खेलने के लिए बाहर जा पाते थे। इसके चलते होटल में कैद रहने से खिलाड़ियों का वजन बढ़ गया था। हमें फोन पर धमकियाँ भी मिलती थीं। इन सबसे हम अच्छा प्रदर्शन नहीं कर पाए।

देश में प्रशिक्षकों को जिन दुश्वारियों से दो-चार होना पड़ता है, इससे वे भी अछूते नहीं थे। यही वजह है कि उन्होंने प्रशिक्षण से अपने को दूर कर लिया। उनका मानना है कि इस देश में प्रशिक्षक का कर्तव्य निभाना आसान नहीं। जब तक प्रशासन का पूरा सहयोग और साथ नहीं मिलता, तब तक प्रशिक्षण देना आसान नहीं। उन्हें अब भी याद है कि जब हम देश के लिए खेला करते थे, तब भी ढेर सारी मुश्किलें थीं। आज भी माहौल वैसा ही है। कहीं भी कुछ भी नहीं बदला है। साईं, दिल्ली में निदेशक प्रशिक्षक रहने के बाद वे 1991 में दक्षिण के साईं सेंटर के क्षेत्रीय निदेशक भी रहे। वे अंत में बेंगलुरू में साईं सेंटर के कार्यकारी निदेशक भी हुए।

उनका मानना है कि देश में प्रतिभाओं की कमी नहीं है, लेकिन वह न तो चिह्नित हो पा रही है और न ही उन्हें सही प्रशिक्षण ही मिल पा रहा है। उनकी नजर में ऐसा इस कारण है कि कहीं-न-कहीं खेल-प्रशासन अक्षम है, कहीं-न-

कहीं संघ में कमी है और कहीं-न-कहीं एसोसिएशन भी जिम्मेदार है। दरअसल सुव्यवस्थित और गंभीर प्रयासों की कमी है। उदाहरण के तौर पर उनका कहना है कि जब मैं राइट आउट की पोजीशन से खेला करता था, तब मेरे समकक्ष देश में 7 राइट आउट हुआ करते थे। जब मैं राष्ट्रीय शिविर में शामिल हुआ तो मेरी पोजीशन सातवीं थी। आज वह बात नहीं। पहली पंक्ति के विश्वस्तरीय खिलाड़ी मिल भी जाए तो दूसरी पंक्ति ढूँढ़ पानी मुश्किल है।

एम.पी.गणेश की जीवनसंगिनी प्रेमा कभी उनकी 'फैन' होती थीं। हॉकी से लगाव के चलते वे एक समय हॉकी से संबंधित अखबार की कतरनें और गणेश सहित बी.पी.गोविंदा आदि की फोटो इकट्ठा करती थीं। दोनों का दांपत्य जीवन सुखमय बीत रहा था कि बेटे अइयप्पा के निधन से दु:खों का पहाड़ गिर पड़ा। दोनों की जिंदगी ही बदल गई। किसी तरह दोनों ने अपने को सँभाला।

क्रिकेट में भी चमके

हॉकी में बतौर एक खिलाड़ी, प्रशिक्षक और खेल-प्रशासक के रूप में अपनी अमिट छाप छोड़नेवाले एम.पी. गणेश के 20 वर्षों के लंबे खेल-प्रबंधन का लाभ लेने के लिए कर्नाटक स्टेट क्रिकेट एसोसिएशन ने दो सालों के लिए सी.ई.ओ. पद पर अनुबंधित किया।

एम.ए. अंग्रेजी के अलावा पटियाला से स्पोर्ट्स कोचिंग में डिप्लोमा लेने के साथ ही गणेश ने फिजिकल एजुकेशन हॉकी में पी-एच.डी. कर रखा है। वे राजीव गांधी खेल रत्न पुरस्कार के अलावा अर्जुन पुरस्कार, ध्यानचंद लाइफ टाइम एचीवमेंट पुरस्कार, द्रोणाचार्य पुरस्कार आदि समितियों के सदस्य भी रहे हैं।

❑

असमय हॉकी से दूर असलम

हॉकी असलम शेर खाँ को विरासत में मिली थी। इस विरासत को आगे बढ़ाने में असलम ने कोई कोर-कसर भी नहीं छोड़ी। कोलालामपुर में 14 मार्च, 1975 को प्रात: खेले गए सेमी फाइनल मुकाबले को भला कौन भूल सकता है। इस मैच में मलेशिया जीत के बहुत करीब था। मुकाबला खत्म होने में मुश्किल से 10 मिनट का समय बचा था और मेजबान 2-1 से आगे थे। इसी वक्त माइकल किंडो की जगह बदले खिलाड़ी के रूप में असलम शेर खाँ को मैदान में भेजा गया। भारत के भाग्य से पेनाल्टी कॉर्नर मिला। कप्तान ने असलम को ही हिट लगाने के लिए कहा। असलम ने पहले गले में पड़ा ताबीज चूमा और फिर हिट लगा दी। गेंद दूसरे ही क्षण गोल में थी। भारत इससे 2-2 गोल की बराबरी पर आ गया। फिर हरचरण ने तीसरा विजयी गोल कर फाइनल में पहुँचा दिया।

असलम न होते तो शायद भारत फाइनल में नहीं पहुँचता और जीत की पटकथा भी नहीं लिखी जा पाती। असलम का भारतीय हॉकी में यह बहुत बड़ा योगदान है, जिसे भुलाया नहीं जा सकता है। असलम इसके लिए खुदा के शुक्रगुजार हैं, क्योंकि इससे उनकी एक इच्छा तो पूरी हुई। दरअसल इस विश्वकप के शुरू के मुकाबलों में जब उन्हें शुरू-शुरू में नहीं खिलाया गया था तो वे मन-ही-मन बड़े उदास और निराश हुए। इस विश्वकप के बारे में उनका कहना है कि 15 दिन के इस टूर्नामेंट की 13 रातों तक वे ठीक से सो नहीं पाते थे। रात को मेरे आँसुओं से तकिया भीग जाता था। मैदान पर उतरने का मौका नहीं मिलने से उन्हें काफी तकलीफ थी, लेकिन उन्हें विश्वास था कि खुदा हकवाले को हक जरूर देता है।

असलम को यह यादगार हक उस वक्त मिला, जब टीम को उसकी सख्त जरूरत थी। इसी के साथ असलम की दूसरी बड़ी ख्वाहिश यह थी कि वह पाकिस्तान के विरुद्ध एक गोल करें, जो देश की जीत का कारण बने। दुर्भाग्य से उनकी यह इच्छा नहीं पूरी हो पाई। वैसे वे इसको लेकर हमेशा सजग रहे। उन्हें विश्वास था कि खुदा उनकी यह इच्छा जरूर पूरी करेगा और वे तब खेल से संन्यास ले लेंगे, पर अंत तक ऐसा नहीं हो सका, क्योंकि उनसे हॉकी छोड़ने के पूर्व ही हॉकी छुड़ा दी गई। यानी असलम ने खुद हॉकी नहीं छोड़ी, बल्कि उनसे हॉकी छुड़ा दी गई। इसी तरह असलम का एक और सपना यह भी था कि अपने वालिद साहब की तरह वह एक दिन मुल्क के लिए खेलेंगे। यह सपना अल्लाह ने जरूर पूरा किया। वे देश के लिए खेले भी और बहुत कुछ किया भी, लेकिन पाकिस्तान के विरुद्ध जो अरमान था, वह पूरा नहीं हो सका।

असलम शेर खाँ का जन्म भोपाल में 15 जुलाई, 1953 को हुआ। उन्हें इस बात का गर्व है कि वह उस शहर के वाशिंदे हैं, जो हॉकी का गहवारा पालना है जिसने देश को एक से बढ़कर एक हॉकी खिलाड़ी दिए हैं। इन्हीं में से एक उनके पिता अहमद शेर खाँ भी हैं। अहमद शेर खाँ ने 1936 के बर्लिन ओलंपिक में भारत का प्रतिनिधित्व किया था। अहमद शेर खाँ सुप्रसिद्ध रूप सिंह के साथ अखिल भारतीय स्कूल हॉकी टीम में फॉरवर्ड के रूप में खेले थे। असलम शेर खाँ के दादा ने उन्हें यह बताया था कि उन्हीं की तरह उनके पिता को भी हॉकी के प्रति जुनून और प्यार था। उनके पिता ने अपनी पत्नी अहमदी से कहा था कि यदि उनको बेटा हुआ तो उसे वह जरूर हॉकी खिलाड़ी बनाएँगे। अहमद शेर खाँ असलम को बहुत प्यार करते थे, लेकिन वे हॉकी खेलने में कोई कमी नहीं चाहते थे। एक बार जब 1996 में भोपाल में लगे अखिल भारतीय स्कूल हॉकी शिविर के लिए असलम का चयन हुआ था। उसी वक्त पिता बीमार पड़ गए थे। पिता की बीमारी के चलते असलम शिविर में नहीं जाना चाहते थे, लेकिन पिता ने उन्हें शिविर में जाने के लिए प्रेरित करते हुए कहा कि तुम्हें शिविर में जाना और बेहतर खेल दिखाना होगा, तभी मैं समझूँगा कि तुम मुझे प्यार करते हो।

दरअसल, कई खिलाड़ियों की तरह असलम भी राजनीति के शिकार बने। उनके साथ तो कुछ ज्यादा ही ज्यादती हुई। विश्वकप के पहले भी वे भले ही म्यूनिख ओलंपिक 1972 के लिए टीम में चुने गए थे, लेकिन वहाँ तो उन्हें एक भी मैच खेलने का मौका नहीं मिला था। वे खेले तो 1974 में तेहरान एशियाई खेलों में। उल्लेखनीय है कि यहाँ भी उन्हें शुरू के मैचों में मैदान से दूर रखा गया। उन्हें

जरूर पाकिस्तान के विरुद्ध खिलाया गया, लेकिन पहले दिन का खेल बराबर रहने के बाद दूसरे दिन के खेल में। इस मैच में भारत 2-0 से हारा था। उस दिन असलम को खूब रोना आया था। फिर अगले वर्ष वे पाकिस्तान के विरुद्ध विश्वकप में खेले। वे पाकिस्तान पर फिर गोल नहीं कर पाए, लेकिन उनको हराने में असलम का भी कम योगदान नहीं रहा।

असलम को इसी बात का अफसोस है कि जब वे पूरे फार्म में थे तो भी उन्हें शुरू के मैचों से बाहर रखा गया। उन्हें जब भी खेलने का मौका मिला तो उन्होंने अपने दमदार खेल से अपनी उपयोगिता साबित की, लेकिन राजनीति के भँवर में फँसकर इस शानदार फुल-बैक को असमय खेल से किनारा करना पड़ा। ऐसा भी नहीं है कि असलम एक खिलाड़ी के तौर पर ही अपनी पहचान बनाने में सफल रहे। उन्हें टीम के कप्तान का भार भी मिला। उन्हें याद है कि वह मांट्रियल ओलंपिक 1976 के बाद अपनी टीम इंडियन एयर लाइंस की तरफ से खेल रहे थे, तभी उन्हें एक तार मिला कि उन्हें लाहौर में आयोजित कायदे-आजम हॉकी टूर्नामेंट में हिस्सा लेनेवाली भारतीय टीम का कप्तान बनाया गया है। टीम वहाँ पर हारकर पाँचवें स्थान पर जा पहुँची। इसके बाद असलम खाँ को एक तरह से भुला ही दिया गया। वे अभी और खेलना चाहते थे, पर चयनकर्ताओं ने उन्हें नजरअंदाज कर दिया। ब्यूनसआयर्स विश्वकप के लिए चुनी गई टीम में शामिल

नहीं किया गया। कहा गया कि वह प्रशिक्षण शिविर में समय से नहीं पहुँचे, अनुशासनहीनता दिखाई है, इसलिए उन्हें टीम से बाहर रखा गया। इस संदर्भ में उनका कहना है कि भारतीय हॉकी के हुक्मरानों ने यह परंपरा बना ली है कि पहले कप्तान बनाओ फिर टीम से बाहर कर दो। एक उदाहरण देते हुए असलम ने कहा कि मेरे साथी खिलाड़ी अशोक कुमार के साथ भी ऐसा ही हुआ था। पर्थ हॉकी टूर्नामेंट के लिए उन्हें कप्तान चुना गया और आते ही उनका भी हिसाब साफ कर दिया गया था।

हॉकी से उन्हें भले ही अलग कर दिया गया, पर हॉकी अब भी उनका 'पहला प्यार' है। बाद में उन्होंने हॉकी की गंदगी को दूर करने के लिए राजनीति का दामन थाम लिया। वे 1984 में आठवीं लोकसभा के लिए बेतूल संसदीय क्षेत्र से कांग्रेस के टिकट पर सांसद बने। वे मंत्री भी बने। इसके बाद वे 1989 में इसी क्षेत्र से पुनः लड़े, लेकिन हार गए। 1991 में पुनः इसी क्षेत्र से 10वीं लोकसभा के लिए सांसद चुने गए। 1996 में पुनः हार का सामना करना पड़ा। दिसंबर 1997 में वे भारतीय जनता पार्टी से भी जुड़े थे। 2004 में वे भोपाल से लोकसभा के लिए कांग्रेस की ओर से खड़े हुए पर असफल रहे। 2009 में एक बार फिर बतौर कांग्रेस प्रत्याशी के रूप में सागर से लोकसभा के लिए किस्मत आजमाई, लेकिन जीत नहीं सके।

अप्रैल 2008 में भारतीय हॉकी संघ के निलंबन के बाद भारतीय ओलंपिक संघ ने देश में हॉकी के संचालन के लिए गठित समिति का अध्यक्ष असलम शेर खाँ को बनाया। इस समिति में अशोक कुमार, अजित पाल सिंह, जफर इकबाल और धनराज पिल्लै शामिल थे।

असलम का कहना है कि हॉकी उन्होंने बहुत खेली। एक समय तो वह मुल्क के चाहने पर फिर से स्टिक थामने को तैयार थे, लेकिन ऐसा मौका दोबारा न मिलने से आज भी वे दुःखी हैं। वैसे वे कहते हैं कि मैंने छोटी सी जिंदगी में जीत की रंगीनी भी देखी है, हार के गम भी सहे हैं। खेल में तो हार-जीत तो चलती रहती है, पर ऐसा नहीं होना चाहिए कि उनकी परवाह ही न की जाए। उन्हें सही चयन, प्रशिक्षण सुविधाएँ और प्रोत्साहन न दें और जीत की अपेक्षा करें, यह कैसे संभव होगा? उन्हें प्यार, स्नेह और सम्मान दीजिए, वे आपको खोया सम्मान दिलाएँगे, विश्वास कीजिए।

हॉकी की वर्तमान दशा, दिशा और दुर्दशा से परेशान और चिंतित असलम

शेर खाँ का कहना है कि सेक्स, प्रचार पैसे के लिए नेताओं और नौकरशाहों के खेल संघों में घुसपैठ के चलते खेलों का बेड़ा गर्क होता चला जा रहा है। खेल संघों मे इनकी बढ़ती दखलंदाजी ठीक नहीं। खेल संघों को तो अच्छे खिलाड़ियों के हाथों में होने से ही खेल का बेहतर माहौल बनेगा। खेल में जूनियर स्तर से ही बेहतर प्रयास की सलाह के साथ उनका कहना है कि जब तक बुनियाद मजबूत नहीं होगी, तब तक आलीशान इमारत की बात नहीं सोची जा सकती है।

❑

अंतिम स्वर्णिम कप्तान भास्करन

यदि यह कहा जाए कि भास्करन बहुमुखी प्रतिभा के धनी रहे हैं तो यह गलत नहीं होगा। अपने जमाने में जहाँ वे एक शानदार और जानदार खिलाड़ी थे तो वहीं प्रशिक्षक के रूप में भी उन्होंने भारतीय हॉकी को अपनी महती सेवाएँ दीं। वे खेल प्रशासक के रूप में भी सामने आए और मीडिया में अपनी बेबाक टिप्पणी से भी सभी का ध्यान खींचा। वे भारतीय हॉकी के ऐसे अंतिम स्तंभ हैं, जिनके नेतृत्व में भारत को ओलंपिक में अंतिम बार स्वर्णिम सफलता मिली।

उल्लेखनीय है कि मास्को ओलंपिक में जिस भारतीय हॉकी टीम ने स्वर्ण पदक जीता था, उसके कप्तान भास्करन ही थे। इससे पहले भारत ने 16 वर्ष पूर्व टोक्यो में स्वर्णिम सफलता बटोरी थी। 1980 के बाद आज तक दोबारा भारत ओलंपिक में अपनी श्रेष्ठता नहीं प्रदर्शित कर सका है।

दक्षिण भारत के तो वे ऐसे पहले खिलाड़ी हैं, जिसे अर्जुन और पद्‌मश्री दोनों ही पुरस्कारों से नवाजा गया। 1980 में जहाँ उन्हें अर्जुन पुरस्कार मिला तो वहीं अगले ही वर्ष 1981 में वे पद्‌मश्री भी बन गए।

भास्करन का रेलवे से बड़ा गहरा रिश्ता रहा है। वे खुद रेलवे से जुड़ने के इच्छुक थे। उनकी सोच ही शुरू से बड़ी व्यापक थी। इसी के चलते वे अपने को शिखर तक पहुँचाने में सफल रहे। उनकी सोच तो भावी पीढ़ी के लिए एक आदर्श समान है। उनका कहना है कि 'पैंशन पहले, पैसा बाद में'। वे किसी तरह रेलवे से जुड़ना चाहते थे। रेलवे से जुड़ने के पीछे भी एक कहानी है। रेलवे में आने से पहले वे अपने गृहनगर तमिलनाडु की टीम से अंतिम स्वर्णिम कप्तान भास्करन

मास्को ओलंपिक की विजेता भारतीय टीम

खेला करते थे, लेकिन जब दो अवसरों पर उनकी टीम रेलवे से हार गई तो वे हर हाल में रेलवे से जुड़ने को लालायित रहने लगे। राष्ट्रीय हॉकी में तमिलनाडु पहली बार बेंगलुरू में और दूसरी बार कोलकाता में हारा था। रेलवे उस समय देश की सर्वश्रेष्ठ टीम थी। इस वजह से भास्करन हर हाल में रेलवे में आना चाहते थे। यद्यपि उनके खेल को देखते हुए अन्य कई संस्थान उन्हें अपने यहाँ लेना चाहते थे, लेकिन वे सर्वश्रेष्ठ टीम से ही जुड़ने को तत्पर थे। वे सर्वश्रेष्ठ टीम का हिस्सा हर हाल में बनना चाहते थे। उनका मानना था कि सर्वश्रेष्ठ टीम से जुड़कर ही सर्वश्रेष्ठ हॉकी खेली जा सकती है। वे 1974 में रेलवे से जुड़े और लगातार 12 वर्षों तक राष्ट्रीय हॉकी में रेलवे का प्रतिनिधित्व करते रहे। इस लंबी अवधि में केवल 1986 मेरठ को छोड़कर उनकी टीम या तो विजेता या उपविजेता बनती रही। संयोग से यह उनकी अंतिम राष्ट्रीय प्रतियोगिता थी।

यद्यपि 1979 की राष्ट्रीय हॉकी प्रतियोगिता आज भी उन्हें याद है। तब उनकी रेलवे की टीम का मजबूत इंडियन एयर लाइंस से मुकाबला था। एयर लाइंस की टीम में अशोक कुमार, असलम शेर खान, सुरजीत सिंह और मिड फील्ड के मास्टर पी. कृष्णमूर्ति जैसे दिग्गज थे। फाइनल मुकाबला इतना काँटे का था कि कोई भी टीम हारना नहीं चाहती थी। दो बार मुकाबले में उतरने के बावजूद कोई नतीजा नहीं निकल सका था। फिर यह मुकाबला बाद में नतीजे के लिए कटक के बाराबत्ती स्टेडियम में खेला गया। भास्करन टीम में लेट हाफ की पोजीशन पर थे। आम तौर पर इस स्थान का खिलाड़ी आक्रमण नहीं करता है, लेकिन जब उन्हें गेंद मिली तो वे पास देने के बजाय आगे बढ़ निकले। वे एयर लाइंस की 25 गज की सीमा तक पहुँच चुके थे। अब उनके सामने केवल गोलकीपर ही बचा था। वह अप्रत्याशित रूप से आगे बढ़ निकला था। उन्होंने सोचा कि गोलकीपर को परास्त कर अब गोल कर देना है। यही उन्होंने किया भी। गोलकीपर को आगे आने को मजबूत कर उन्होंने कुछ ही सेकेंड बाद विजयदायी गोल कर डाला। संयोग से वे रेलवे टीम के कप्तान भी थे। इस जीत से उन्हें दोहरी खुशी हासिल हुई। रेलवे से उनका इतना ज्यादा लगाव हो गया था कि 1986 के बाद सेवानिवृत्त होने तक वे

रेलवे की टीम को प्रशिक्षण देते रहे। उन्हीं के निर्देशन में रेलवे की टीम ने कोलकाता में 100वीं बेटन कप हॉकी प्रतियोगिता जीती। दुर्भाग्य से इस वक्त रेलवे की टीम देश की टॉप की टीम नहीं है।

1980 के मास्को ओलंपिक में अपनी कप्तानी में भारत को स्वर्णिम सफलता दिलानेवाले वी. भास्करन इससे पहले 1976 के मांट्रियल ओलंपिक में भी खेले थे। इसके अलावा दो विश्वकप-1973 'एम्सटर्डम' में रजत और 1978 'ब्यूनसएयर्स' भी उनके नाम है। दो एशियाई खेलों-1974 'तेहरान' में रजत और 1978 'बैंकॉक' के साथ ही 1978 'पाकिस्तान' में चैंपियंस ट्रॉफी में कांस्य पदक जीतनेवाली टीम के भी वे महत्त्वपूर्ण सदस्य थे। कुल मिलाकर उन्होंने 287 अंतरराष्ट्रीय मैचों में भारत का प्रतिनिधित्व किया।

भास्करन ने न केवल प्रशिक्षक के रूप में रेलवे को ही एक लंबे समय तक प्रशिक्षण दिया, बल्कि वे भारतीय हॉकी टीम के भी लंबे समय तक प्रशिक्षक रहे। अपने कार्यकाल में उन्होंने भारतीय टीम को कई यादगार जीतों का तोहफा भी दिया।

वे कई चरणों में भारतीय हॉकी टीम के प्रशिक्षक रहे। कम-से-कम तीन बार वे राष्ट्रीय हॉकी प्रशिक्षक बने, लेकिन कुछ-कुछ अवधि के लिए ही। भास्करन को इसका मलाल भी है कि उन्हें लंबे समय तक सीनियर हॉकी टीम के साथ रहने का मौका नहीं मिला। वे कहते हैं कि उन्होंने निश्चय ही जूनियर टीम के साथ ज्यादा वक्त गुजारा। इसका अच्छा परिणाम भी निकला। इसमें वे जूनियर विश्वकप 1997 का जिक्र करते हैं। इसमें भारत मात्र एक गोल के अंतर 3-2 से ऑस्ट्रेलिया के हाथों हारकर उप विजेता बना था। भास्करन को इससे निराशा भी हुई थी। सीनियर टीम के भास्करन दस वर्षों तक प्रशिक्षक रहे। उनके प्रशिक्षण के दौरान ही भारत ने सिडनी ओलंपिक 2000, दो विश्वकप (1998, उटरेच) एवं (2006, जर्मनी) 2006 के एशियाई खेलों दोहा, जूनियर विश्वकप (1997, मिल्टन केंस) और चैंपियंस ट्रॉफी (1997, चेन्नई) में हिस्सा लिया। जूनियर विश्व कप में तो भारत को रजत पदक भी मिला था। उनके प्रशिक्षण में भारत ने कुल 187 मैच खेले।

समय-समय पर भास्करन ने भारतीय हॉकी के उत्थान के लिए अपने सुझाव भी सरकार और संघ को दिए। उनका कहना है कि टीम के लिए विस्तृत रूपरेखा पहले ही बन जानी चाहिए। टीम का कैलेंडर और खेलने का कार्यक्रम पहले से तय हो जाना जरूरी है। उनका कहना है कि हॉकी को 'कॉरपोरेट स्टाइल' में आगे बढ़ाने की जरूरत है। इसके साथ ही पेशेवर नजरिया भी आवश्यक है। उनका तो यही कहना है कि खेल महज खेलने मात्र का नाम नहीं है। यह हमें एक बेहतर

इनसान बनाने में भी मदद करता है। वे आज भी हॉकी के लिए बहुत कुछ करने को इच्छुक एवं लालायित हैं। फिलहाल वे बच्चों को हॉकी का गुर सिखाने में व्यस्त हैं। इस खेल से भास्करन को कितना प्यार और लगाव है कि उन्होंने चेन्नई में अपने घर का नाम 'हॉकी हाउस' रखा है।

मास्को ओलंपिक की विजेता भारतीय टीम

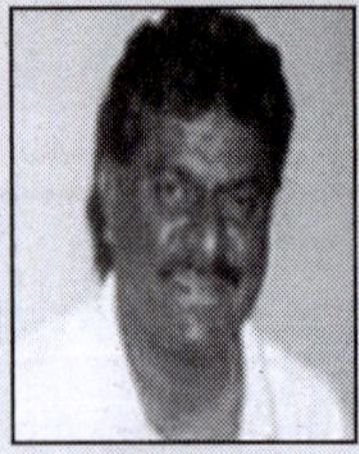

जब भास्करन दक्षिण क्षेत्र की टीम में भी 'अनफिट' थे, भारत को ओलंपिक में अंतिम स्वर्ण पदक दिलानेवाले मास्को, 1980 कप्तान वी.भास्करन को भी एक समय अपमान का कड़वा घूँट पीना पड़ा था। उन्हें दक्षिण क्षेत्र की टीम में न चुनकर एक तरह से उनका अपमान ही किया गया था। भास्करन के साथ यह पीड़ादायी घटना 15 मई, 1981 को हुई थी। ताज्जुब और हैरत की बात तो यह थी कि इससे कुछ समय पूर्व ही उन्हीं के नेतृत्व में भारत ने ओलंपिक में अंतिम स्वर्णिम सफलता दर्ज की थी, लेकिन भारतीय हॉकी संघ के तो खेल निराले ही होते रहे हैं। कब किसे वह सिर-आँखों पर बिठा ले और किसे धूल चाटने के लिए विवश कर दे, कोई नहीं जानता था। भास्करन ने गलती यह की कि संघ के निर्णय की आलोचना कर दी। भारतीय हॉकी संघ ने यह निर्णय लिया था कि भारत, कराची में आयोजित चैंपियंस ट्रॉफी में हिस्सा नहीं लेगा, पर भास्करन इस निर्णय के खिलाफ थे। जैसे ही दिल्ली में आयोजित अंतर क्षेत्रीय टूर्नामेंट के लिए बेंगलुरू में दक्षिण क्षेत्र का शिविर लगा तो हॉकी के आकाओं ने भास्करन के भाग्य का फैसला ले लिया। शिविर के बाद जैसे ही दक्षिण क्षेत्र की टीम घोषित हुई, उसमें से भास्करन का नाम गायब था। भारतीय हॉकी में एक के बाद एक कप्तानों की बदली तो हुआ करती थी, लेकिन किसी विजेता भारतीय टीम के कप्तान के साथ यह पहली दुर्घटना थी। खिलाड़ियों ने चाहा कि इस काररवाई का विरोध हो, लेकिन भास्करन ने उन्हें रोक दिया, ताकि कोई अप्रिय घटना न घटे।

इस संभावना पर कि उन्हें 'ओल्ड' होने की वजह से टीम में जगह नहीं मिली। इस पर भास्करन का चुनौती भरे अंदाज में कहना था कि कोई भी मुझे अनफिट घोषित कर दे तो मैं संन्यास ले लूँगा। मैं तो पहले से ही पूरी तरह फिट था, क्योंकि मैं न तो शराब ही पीता हूँ और न ही धूम्रपान करता हूँ। मैं तो नियमित अभ्यास करनेवाला खिलाड़ी हूँ। चाहे शिविर चल रहा हो या नहीं। वे

अक्तूबर 1981 में 30 वर्ष के होने को थे। बावजूद इसके उनकी चुनौती थी कि कोई उन्हें सौ मीटर की दौड़ में पछाड़ नहीं सकता। चाहे वह कोई युवा खिलाड़ी ही क्यों न हो। भास्करन का सीधा आरोप था कि उन्हें टीम में न रखने की एक चाल चली गई थी, क्योंकि दोनों ही प्रशिक्षकों गणेश और चार्ल्स की मेरे संदर्भ में राय नहीं ली गई थी। यह सब नाटक इसलिए रचा गया था, क्योंकि भास्करन के हटने पर ही सुरजीत सिंह को भारतीय टीम की कप्तानी सौंपी जा सकती थी और यह सब ताना-बाना किसी और ने नहीं, बल्कि भारतीय हॉकी संघ के अध्यक्ष इंदर मोहन महाजन ने रचा था।

❑

बगावती तेवर के सुरजीत सिंह

वे किस 'क्लास' के खिलाड़ी थे, इसका अंदाजा इस बात से लग जाता है कि पंजाब सरकार ने उनकी याद को चिरस्थायी बनाए रखने के लिए एक तरफ जहाँ जालंधर में स्टेडियम का नाम सुरजीत सिंह स्टेडियम रखा, वहीं उनके नाम से सुरजीत हॉकी एकेडमी की शुरुआत कराई, लेकिन न केवल भारत, बल्कि विश्व के इस शीर्ष फुल बैक को कई अवसरों पर राजनीति का दंश झेलना पड़ा। कभी उन पर सीमा सुरक्षा बल में शामिल होने का दबाव पड़ा तो कभी अनुशासनात्मक काररवाई का शिकार होना पड़ा। बावजूद इसके वे जब खेले, डटकर खेले। अपने खेल जीवन में हॉकी खिलाड़ियों के हितों के लिए उन्होंने आवाज भी बुलंद की। हॉकी की गंदी राजनीति के चलते उन्होंने खेल से जल्दी किनारा कर लिया। उन्होंने हॉकी से संन्यास उस वक्त ले लिया, जब उनका खेल चर्मोत्कर्ष पर था। उनके नाम पर उनके निधन के तत्काल बाद जालंधर में सुरजीत हॉकी सोसाइटी की स्थापना हुई, जो प्रतिवर्ष जालंधर में सुरजीत मेमोरियल हॉकी टूर्नामेंट कराती है।

जब अश्विनी कुमार भारतीय हॉकी संघ के अध्यक्ष थे तो वे उस वक्त सीमा सुरक्षा बल में निदेशक भी थे। वे अधिक-से-अधिक खिलाड़ियों को सीमा सुरक्षा बल में लाने को उतावले रहते थे। सुरजीत सिंह द्वारा सीमा सुरक्षा बल में शामिल होने पर इनकार करने पर वे इतने कुपित हुए कि उन्होंने म्यूनिख ओलंपिक में भाग लेनेवाली भारतीय टीम में सुरजीत का नाम ही शामिल होने नहीं दिया। केवल

सुरजीत ही नहीं, चयनकर्ताओं की साजिश का शिकार सेड्रिक परेरा और बलबीर सिंह भी हुए। तीनों ही म्यूनिख ओलंपिक का टिकट नहीं पा सके, जबकि तीनों की टीम को जरूरत थी। खासकर सुरजीत सिंह की, क्योंकि मुखबैन सिंह पाकिस्तान के विरुद्ध सेमी फाइनल में शॉर्ट कॉर्नर लगाने में पूरी तरह विफल साबित हुए थे। इसका खामियाजा हमें हार के रूप में स्वीकारना पड़ा। सुरजीत रहते तो बात शायद कुछ और होती। अश्विनी कुमार के कार्यकाल में जब भी टीम के चयन का सवाल आया, सीमा सुरक्षा बल के खिलाड़ियों को तरजीह दी गई।

हॉकी के इस कलाकार ने केवल खेल तक ही अपने को सीमित नहीं रखा, बल्कि खिलाड़ियों के हितों को भी सर्वोपरि रखा। वे एक तरह से खिलाड़ियों के प्रवक्ता और आवाज थे। शुरू से ही उनका तेवर बगावती था। खिलाड़ियों की खातिर अकसर उनका हॉकी के हुक्मरानों से वाद-विवाद होता रहता था। हॉकी में व्याप्त गंदी राजनीति और खिलाड़ियों की अनदेखी एवं उपेक्षा से आहत होकर उन्होंने असमय ही संन्यास ले लिया। वे चाहते तो आगे बड़े मजे और आसानी से खेल सकते थे। वे रेलवे से भी जुड़े थे और बाद में इंडियन एयर लाइंस की सेवा में भी रहे। अंतत: वे पंजाब पुलिस में अधिकारी बनकर लौटे।

सुरजीत सिंह अपने लंबे कद काठी, गेंद नियंत्रित करने की जोरदार क्षमता और रिकवरी करने की भरपूर दक्षता के चलते सहज ही देश के सर्वश्रेष्ठ राइट फुल बैक बन गए थे। उनको परास्त कर पाना विरोधी फॉरवर्डों के लिए आसान नहीं हो पाता था।

यद्यपि उनका पूरा नाम सुरजीत सिंह रंधावा था, पर उनकी पहचान सुरजीत सिंह के नाम से बनी। उनका पूरा परिवार ही खेल से जुड़ा था। पत्नी चंचल रंधावा ने जहाँ भारतीय महिला हॉकी टीम का 1970 के दशक में नेतृत्व तक किया, वहीं पुत्र सरबिंदर सिंह रंधावा विश्व स्तर का टेनिस खिलाड़ी रहा। उसने कई अंतरराष्ट्रीय प्रतियोगिताओं में भारत का प्रतिनिधित्व किया।

पंजाब के बटाला, गुरदासपुर में 10 अक्तूबर, 1951 को जनगे सुरजीत सिंह की प्रारंभिक शिक्षा-दीक्षा वहीं गुरु नानक स्कूल में हुई, जबकि आगे की पढ़ाई जालंधर के लायलपुर खालसा में। यहीं से वे विश्वविद्यालय स्तर की हॉकी खेले। कॉलेज की पढ़ाई करने के बाद वे कुछ सालों के लिए पंजाब पुलिस की सेवा में आ गए थे।

1973 में एम्सटर्डम में खेली गई दूसरी विश्वकप हॉकी प्रतियोगिता से सुरजीत का अतंरराष्ट्रीय कॅरियर प्रारंभ हुआ। वे 1975 में कोलालामपुर में हुए विश्व कप

हॉकी की स्वर्ण पदक विजेता भारतीय टीम के भी प्रमुख सदस्य थे। 1982 में बंबई में हुए पाँचवें विश्वकप हॉकी प्रतियोगिता में भी खेले। इस बीच 1976 में मांट्रियल ओलंपिक में खेलते हुए अपने चार गोलों की बदौलत वे दुनिया के सर्वश्रेष्ठ फुल बैक कहलाए। उन्हें दो एशियाई खेलों में भी खेलने का मौका मिला। तेहरान 1974 के एशियाई खेलों के साथ ही वे 1978 में बैंकॉक एशियाई खेलों में जमकर खेले और टॉप स्कोरर भी रहे। भारत यहाँ रजत पदक जीतने में सफल हुआ था। इसी तरह पर्थ ऑस्ट्रेलिया में हुए एसांडा इंटरनेशनल हॉकी टूर्नामेंट में भी उन्होंने सर्वाधिक गोल दागा था। फुल बैक की पोजीशन पर अपने खेल से सभी को प्रभावित करनेवाले सुरजीत सिंह का चयन 1973 की विश्व हॉकी एकादश और फिर ऑल स्टार हॉकी इलेवन में भी हुआ।

एक सड़क दुर्घटना में शान-ए-जालंधर सुरजीत सिंह का निधन हो गया। यह सड़क हादसा करतारपुर जालंधर में 6 जनवरी को हुआ था। इस तरह 32 वर्ष की कम उम्र में ही हॉकी का यह सितारा हमसे दूर हो गया। निधन के एक लंबे अंतराल के बाद उन्हें अर्जुन पुरस्कार देकर सच्ची श्रद्धांजलि अर्पित की गई। यह पुरस्कार उन्हें मृत्यु के 14 वर्षों बाद 1998 में मिला। मरणोपरांत अर्जुन पुरस्कार पानेवाले वे पहले हॉकी खिलाड़ी हैं।

❑

पढ़ाई व खेल दोनों में 'अव्वल' जफर

खेल प्रेमियों से यदि यह पूछा जाए कि उस भारतीय ओलंपिक कप्तान का नाम बताइए, जिसने इंजीनियरिंग में डिग्री ले रखी है तो शायद ही कोई इसका उत्तर दे पाए। लगभग हर कोई चकरा भी जाएगा। यह इस वजह से है, क्योंकि क्रिकेट को छोड़कर अन्य खेलों के बारे में लोगों की जानकारी बड़ी ही सीमित है। इस सवाल का सीधा और साफ उत्तर है कि यह कोई और नहीं अपने जमाने के विश्व प्रसिद्ध लेट आउट जफर इकबाल ही हैं। जफर इकबाल जब तक हॉकी मैदान पर रहे, एक खिलाड़ी के रूप में वे बेजोड़ तो थे ही और जब कप्तानी की बारी आई तो भी उन्होंने भारतीय हॉकी का परचम लहराने में कोई कोर-कसर नहीं छोड़ी। केवल वे हॉकी खिलाड़ी और कप्तान तक ही सिमटकर नहीं रह गए, बल्कि जब टीम को प्रशिक्षण देने की बात सामने आई तो वे एक प्रशिक्षक की भूमिका भी निभाने से नहीं चूके।

जफर एक-दो या फिर तीन सालों तक हॉकी मैदान में अपनी श्रेष्ठता की न केवल धूम ही मचाते रहे, बल्कि वे लगभग एक दशक तक अपने को शिखर पर रखने में भी कामयाब रहे। जफर के साथ कुछ सुंदर और सुनहरी यादें जुड़ी हैं तो इसी के साथ ही उन्हें भारतीय हॉकी का एक खलनायक कप्तान के रूप में भी देखा जाता है। उन्हीं की कप्तानी में जब भारत में 1982 में एशिया खेल हुए थे तो भारतीय हॉकी का जनाजा ही निकल गया था। हमारी टीम पाकिस्तान के हाथों बहुत ही बुरी तरह 7-1 से पराजित हो गई थी। जफर के खेल जीवन की चर्चा करें तो लॉस एंजेल्स ओलंपिक 1984 में गई भारतीय टीम के वे कप्तान थे। इसके पूर्व वे

1982 के दिल्ली एशियाड और 1982-1983 की चैंपियंस ट्रॉफी क्रमश: एम्सटर्डम और कराची में खेलनेवाली टीम के भी कप्तान थे। उनकी कप्तानी का कार्यकाल 1982 से 1984 तक रहा, जबकि उन्होंने भारत की तरफ से 1977 से खेलना प्रारंभ किया था। वे 1986 तक सक्रिय रूप से मैदान पर रहे। जफर के खाते में एक महत्त्वपूर्ण उपलब्धि तब दर्ज हुई, जब 1986 में दुबई में चार देशों के हॉकी टूर्नामेंट में पाकिस्तान को हराकर टीम विजेता बनी। इस विजयी टीम के कप्तान उत्तर प्रदेश से ही ताल्लुक रखनेवाले मो. शाहिद थे। इस महत्त्वपूर्ण टूर्नामेंट में भारत व पाकिस्तान के अलावा हिस्सा लेनेवाली दो अन्य टीमें हॉलैंड और इंग्लैंड थीं। जफर और मो. शाहिद की ट्यूनिंग बड़ी जबरदस्त थी। जफर जहाँ लेट आउट की पोजीशन सँभाले रहते थे तो वहीं मो. शाहिद लेट इन की पोजीशन पर बने रहते थे।

खिलाड़ी के रूप में जब जफर ने अपनी पारी खत्म की तो उसके बाद 40 साल की उम्र में एक बार फिर मैदान पर लौटे। इस बार उनकी भूमिका एक प्रशिक्षक के रूप में थी। वे 1993 के प्रारंभ में भारतीय हॉकी टीम के प्रशिक्षक बने थे। यह जिम्मेदारी अगले साल यानी अक्तूबर 1994 तक सँभाले रखा। जफर के प्रशिक्षण का कार्यकाल बड़े ही नाजुक दौर का था। उन्हीं के कार्यकाल में जहाँ परगट सिंह, सुरजीत सिंह और जगबीर सिंह जैसे धुरंधर खिलाड़ी रिटायर हुए, वहीं धनराज पिल्लै को निलंबन का दंश भी झेलना पड़ा। अपनी शांत रणनीति और सटीक प्रशिक्षण के बल पर वे भारतीय हॉकी में रजनीश मिश्रा, अनिल एलड्रिन, दिलीप टिर्की और साबू वर्के जैसे खिलाड़ी को हॉकी के परिदृश्य पर लाने में सफल रहे। प्रशिक्षण का उनका कार्यकाल पूरा हुआ तो उसके बाद वे इंडियन एयर लाइंस में मैनेजर इंजीनियरिंग सिविल बनकर अपने कर्तव्य का निर्वहन करने लगे। जफर ने खेल जीवन के दौरान अपना अधिकांश समय खिलाड़ी साथियों के साथ बिताया।

जफर इकबाल का जन्म यद्यपि 6 जून, 1956 को बिहार में पटना के करीब हुआ, पर उनकी कार्यस्थली अलीगढ़ रही। अलीगढ़ के लॉर्ड मिंटो सर्किल स्कूल

से उनकी प्रारंभिक शिक्षा हुई। यहीं से उनका नाता खेल मैदान से भी जुड़ा। शुरुआत में जरूर उनकी रुचि फुटबॉल में थी। जफर इकबाल ने पहला अंतरराष्ट्रीय गोल 1978 में पाकिस्तान के विरुद्ध लाहौर में दागा। तब से लेकर 1984 तक वे भारतीय टीम के अभिन्न और स्थायी सदस्य रहे। 1980 में मास्को ओलंपिक में स्वर्ण पदक जीतनेवाली भारतीय टीम के भी वे सदस्य थे। इस दौरान वे उतनी ही तन्मयता से राजनीति की चर्चा में मशगूल पाए जाते थे। तब उनके कई स्थानीय राजनीतिज्ञों से संबंध हुआ करते थे, लेकिन जब पढ़ाई खत्म हुई तो वे एक खिलाड़ी और इंजीनियर के रूप में अपने कार्य को अंजाम देने लगे। इसके साथ ही वे अपना पूरा समय अपने परिवार को भी देने लगे। उन्होंने सिविल इंजीनियरिंग की पढ़ाई अलीगढ़ मुसलिम यूनिवर्सिटी से 1973-78 के दौरान पूरी की। इसी दौरान उनका हॉकी कॅरियर भी प्रारंभ हुआ।

दिलचस्प बात यह है कि जफर ने अपना हॉकी जीवन इन साइड लेट की पोजीशन से प्रारंभ किया था। वे पहली बार कंबाइंड यूनिवर्सिटीज की तरफ से 1976-77 में राष्ट्रीय हॉकी में इगमोर स्टेडियम मद्रास में खेले थे। अपने स्टिक वर्क और तेज गति के चलते उन्होंने राष्ट्रीय चयनकर्ताओं को इतना अधिक प्रभावित किया कि उन्हें हॉलैंड के विरुद्ध चार टेस्टों की शृंखला में खेलनेवाली भारतीय हॉकी टीम के लिए चुन लिया गया। उनके खेल से भारतीय प्रशिक्षक किशन लाल

जो 1948 के लंदन ओलंपिक में खेली भारतीय हॉकी टीम के कप्तान थे, ने उनसे आउट साइड लेट की पोजीशन से खेलने के लिए कहा। यद्यपि जफर प्रशिक्षक की बात से इनकार नहीं कर सके, लेकिन उन्हें शुरू में नई पोजीशन पर तालमेल बैठाने में थोड़ी परेशानी जरूर हुई। उनके साथ जो सबसे बड़ी दिक्कत आ रही थी, वह यह कि उनकी स्टेपिंग सही नहीं पड़ रही थी, लेकिन जल्दी ही इस पोजीशन पर अभ्यस्त होने के बाद जफर न केवल इस पोजीशन पर बड़े ही इत्मीनान और खुश होकर खेलते नजर आने लगे, बल्कि रिवर्ससेज भी फेंकने में दक्ष होते नजर आए। जब वे सिविल इंजीनियरिंग की पढ़ाई के अंतिम साल में थे, तभी उनका चयन भारतीय हॉकी टीम में हो गया और उन्हें चौथे विश्वकप हॉकी ब्यूनस आयर्स में खेलने का मौका मिला।

जफर का ताल्लुक एक काफी अच्छे पढ़े-लिखे परिवार से है। उनके पिता डॉ. मोहम्मद शहाबुद्दीन अहमद अलीगढ़ यूनिवर्सिटी में कैमिस्ट्री के प्रोफेसर थे। तब युवा जफर अपने घर के निकट स्थित मैदान में लड़कों को हॉकी खेलता हुआ देखा करते थे। इसी देखा-देखी में जफर की रुचि इस खेल के प्रति हुई। वे भी स्टिक लेकर खेलने लगे, लेकिन मजे की बात तो यह है कि शुरुआत में वे जरा भी गंभीर नहीं थे और शेरवानी और पायजामा पहनकर ही खेलने लगते थे। उस वक्त प्रोफेसर जिलूर रहमान यूनिवर्सिटी के बच्चों को हॉकी सिखाने में दिलचस्पी रखते थे। जिलूर साहब पुराने खयालातों के थे। वे चाहते थे कि सभी लड़के स्वस्थ रहें, क्योंकि स्वस्थ शरीर में स्वस्थ दिमाग रहता है।

जफर के अनुसार जिलूर साहब ने न केवल उन्हें हॉकी सिखाने में ही काफी मदद की, बल्कि प्राय: वे जफर की पढ़ाई में भी सहायता किया करते थे। 1985 में उन्होंने फौजिया से शादी कर ली। फौजिया भी अलीगढ़ यूनिवर्सिटी में ही पढ़ती थी। उनका संबंध भी काफी पढ़े-लिखे परिवार से था। फौजिया के पिता डॉ. एम. सलीम अलीगढ़ मुसलिम यूनिवर्सिटी में कैमिस्ट्री के प्रोफेसर थे।

भारत के इस धुरंधर खिलाड़ी को 1983 में अर्जुन पुरस्कार से नवाजा गया। वह अपने खेल जीवन में लगभग 200 अंतरराष्ट्रीय मैचों में खेले। उन्हें 2012 में पद्मश्री सम्मान भी मिला।

❑

कलात्मक हॉकी के सरताज मो. शाहिद

मोहम्मद शाहिद को भारतीय हॉकी के बीते हुए सुनहरे अतीत का एक शानदार और जानदार खिलाड़ी होने का गौरव प्राप्त है। जादुई स्टिक वर्क और गति के चलते उन्हें एकाध अवसरों पर डोप टेस्ट की जहमत भी उठानी पड़ी। उनका स्टिक वर्क किसी चमत्कारिक प्रदर्शन से कमतर नहीं होता था। शाहिद को कलात्मक भारतीय हॉकी का अंतिम अवतार माना जाएगा, क्योंकि फिर उनके बाद उन जैसा धुरंधर इन साइड फॉरवर्ड हॉकी के परिदृश्य पर नजर नहीं आया। बाल प्लेयर के रूप में शाहिद हॉकी की एक ऐसी शख्सियत के रूप में सामने हैं, जिनके खेल पर दर्शक झूम उठते थे और वाह-वाह किए बिना नहीं रहते थे, पर इसी के साथ उन पर स्वार्थी और व्यक्तिगत खिलाड़ी होने का भी आरोप मढ़ा गया। पूरे खेल जीवन के दौरान उन पर यह आरोप लगता रहा कि वे भीड़ के लिए खेले और 'फर्स्ट टाइम' पास देने में कोताही बरतते थे।

इन आरोपों से कहीं भी शाहिद की महानता और आक्रामकता पर उँगली नहीं उठाई जा सकती है। वे एक बेजोड़ खिलाड़ी के रूप में भारतीय हॉकी के पटल पर इस कदर उभरे कि उन जैसा खिलाड़ी पाने को हम आज भी तरस रहे हैं। वे बेजोड़ और असाधारण खिलाड़ी की श्रेणी में आते हैं।

शाहिद के खेल में कलात्मकता थी, लय था और एक सौंदर्य भी था। उन्हें खेलता हुआ देखना सभी को भाता था। उनके कॅरियर को इस रूप में नहीं देखा जाना चाहिए कि उन्होंने कितने गोल दागे या फिर कितने अंतरराष्ट्रीय मैचों में उनकी भागीदारी रही। उन जैसा कलात्मक हॉकी के सरताज मो. शाहिद खिलाड़ी

तो कई दशकों में एकाध बार ही पैदा होता है। शाहिद में इतनी तूफानी गति थी कि कई अवसरों पर विरोधी टीम के प्रशिक्षक उन्हें मार्क करने के लिए दो-दो खिलाड़ी तक लगाने में नहीं चूकते थे।

शाहिद के खेल की शक्ति यदि उनकी ड्रिब्लिंग थी तो यह उनकी कमजोरी भी थी। एक बार गेंद आने के बाद उनमें गेंद के प्रति इतना मोह समा जाता था कि वे अपने स्टिक से बॉल को जुदा करने के मूड में नहीं होते थे। अपने पर लगनेवाले ढेर सारे आरोपों से शाहिद आहत जरूर होते थे, पर उनका सवाल भी इस संदर्भ में होता था कि लाख लोग मेरी बुराई करें, पर मेरे खेल से लाभ आखिर किसको मिलता है ? भारतीय हॉकी को मेरे हर फाउल पर कॉर्नर या स्ट्रोक का लाभ मिलता था। अब यदि कॉर्नर और स्ट्रोक को गोल में हमारे साथी खिलाड़ी परिवर्तित नहीं कर पाते थे तो इसमें मेरा क्या दोष होता था। जहाँ तक स्वार्थी खिलाड़ी की बात है तो भले ही यूरोपीय डिफेंडरों ने मेरी बॉडी पर कई बार कहर ढाए, पर मुझे इस बात का गर्व है कि चोट की वजह से मैं एक भी मैच में बाहर नहीं बैठा और न ही कोई डॉक्टर यह कह सकता है कि उसने मेरे चोटों का इलाज किया।

14 अप्रैल, 1960 को वाराणसी में जन्मे शाहिद को ड्रिब्लिंग की प्रतिभा जन्मजात मिली थी। इसी को आधार बनाकर उन्हें स्कूली टीम से कई बार प्रशिक्षकों ने बाहर रखा। शाहिद के अनुसार प्रशिक्षकों का यह विश्वास था कि मेरी ड्रिब्लिंग से टीम का अहित होता था, पर मैं अपनी इसी खूबी के कारण देश के लिए खेला। यही नहीं, शाहिद ने एक शॉट का भी ईजाद किया, जिसे 'शॉर्ट बैकलिट' कहा जाता रहा। शाहिद के कथनानुसार भारतीय प्रशिक्षक मेरे इस शॉट के उपयोग पर विरोध करते रहे, लेकिन आज टॉप फॉरवर्ड इस शॉट का गोल मुहाने के करीब उपयोग करने से बाज नहीं आते हैं। शाहिद लखनऊ स्पोर्ट्स हॉस्टल की देन हैं। पहले जूनियर इंडिया टीम में चुने जाने के बाद उन्हें सीनियर टीम में तो जगह मिलनी तय थी।

वे विश्वकप यूथ में खेले थे। इसके बाद 1980 में उनका आगमन सीनियर टीम में हुआ, जब टीम कराची चैंपियंस ट्रॉफी खेलने गई थी। इसके बाद 10 नंबर

की जर्सी पहननेवाले मेधावी और जन्मजात प्रतिभा के इस खिलाड़ी ने तीन-तीन ओलंपिक मास्को-1980, लॉस एंजेल्स-1984 और सियोल-1988 के साथ ही दो वर्ल्ड कप मुंबई व लंदन, दो एशियाई खेल दिल्ली-1982, सियोल-1988, दो एशिया कप कराची व ढाका और इसके अलावा ढेरों राष्ट्रीय एवं अंतरराष्ट्रीय मैचों में अपनी जोरदार उपस्थिति दिखाई। शाहिद को 200 से ज्यादा अंतरराष्ट्रीय मैच खेलने का मौका मिला। शाहिद ने भारतीय टीम का नेतृत्व भी किया। वे लंदन में हुई चार देशों के हॉकी टूर्नामेंट 1984 के लिए पहली बार कप्तान बनाए गए थे। इसके बाद पर्थ 1985 में हुई चैंपियंस ट्रॉफी में भी वे भारतीय हॉकी टीम के कप्तान थे।

ईपोह में होनेवाली अजलन शाह हॉकी टूर्नामेंट के अलावा कुवैत व दुबई में हुई चार देशों की हॉकी टूर्नामेंट में भी वे कप्तान थे। सियोल में हुए एशियाई खेलों के अलावा लंदन में हुई विश्वकप हॉकी स्पर्धा भी उन्हीं के नेतृत्व में भारतीय टीम खेली थी। इस अवधि में दो अवसरों पर उन्हीं के नेतृत्व में भारतीय टीम ने दो टूर्नामेंटों में विजय का स्वाद चखा। एक तो ईपोह में और दूसरे दुबई में। उन्हें भारत और पाकिस्तान के बीच खेले जानेवाले मैचों में सर्वाधिक गोल करने का भी सम्मान प्राप्त है। उन्होंने पाकिस्तान के विरुद्ध कुल 39 मैच खेले। इस वक्त वे वाराणसी के डी.एल.ड्ब्ल्यू. में स्पोर्ट्स अधिकारी के रूप में कार्यरत हैं। हॉकी के क्षेत्र में उनकी बेजोड़ सेवाओं के लिए भारत सरकार ने उन्हें 1981 में पद्मश्री से सम्मानित किया।

19 वर्ष की आयु में भारतीय हॉकी में धूमकेतु की तरह पदार्पण करनेवाले मो. शाहिद के बारे में एक बार पाकिस्तान के धुरंधर खिलाड़ी ने उनकी दुबली-पतली काया देखकर सुरजीत सिंह से कहा था, "ये किस ककड़ी को पकड़कर ले आए हो।" शाहिद ने इसका जवाब आगे चलकर न केवल पाक खिलाड़ियों को ही बखूबी दिया, बल्कि अपने खेल कौशल से दुनिया को भी

वाह-वाह ! करने के लिए विवश कर दिया। शाहिद अपने जीवन से संतुष्ट हैं। उन्हें तो बनारस का बेताज बादशाह कहा जाता है।

अपने शानदार और जानदार स्टिक वर्क से विरोधी खिलाड़ियों को मैदान में पस्त करनेवाले मास्टर ड्रिब्लर मोहम्मद शाहिद का जब जिंदगी के मैच में मौत से सामना हुआ तो वह उसे मात नहीं दे पाए और अंततः हार गए। वह महज 56 वर्ष की उम्र में 20 जुलाई, 2016 को गुड़गाँव के मेदांता अस्पताल में आखिरी साँस लेकर हमसे विदा हो गए। वह किडनी संबंधी बीमारी से पीड़ित थे।

'ड्रिब्लिंग के शहंशाह' शाहिद

मोहम्मद शाहिद ड्रिब्लिंग के इस कदर मास्टर खिलाड़ी थे कि उनका लोहा देशी ही नहीं, विदेशी खिलाड़ियों तक ने माना। वह इस कला में अत्यधिक माहिर थे। जिसने भी शाहिद को मैदान में ड्रिब्लिंग के लय में देखा, वे उनका कायल हुए बिना नहीं रह सका, लेकिन इस महान् खिलाड़ी को उपेक्षा का लंबा दंश झेलना पड़ा। वाराणसी स्थित डीजल लोकोमोटिव वर्क्स डी.एल.ड्ब्ल्यू. जहाँ वे कार्यरत हैं, वहाँ उन्हें अपनी पदोन्नति के लिए 18 वर्षों के लंबे अंतराल से गुजरना पड़ा। उनके शुभेच्छुओं ने चाहा कि वे पैरवी कर अपनी पदोन्नति पा लें, पर शाहिद ने इससे इत्तेफाक नहीं रखा। उनका कहना है कि मेरे वालिद ने यह सिखाया है कि जहाँ जो रोटी देता है, उसके खिलाफ कभी नहीं बोलना चाहिए। इस पर अमल करते हुए शाहिद यही कहते हैं कि यदि रेलवे समझती है कि उन्हें

पदोन्नति मिलनी चाहिए तो तभी मुझे यह मिलेगी। मैं अपनी तरफ से प्रयास नहीं करूँगा। यदि मैं चपरासी के पद से भी सेवानिवृत्ति पाई तो भी लोग मुझे खिलाड़ी के रूप में ही याद करेंगे।

शाहिद के अनुसार वह 1981 में अपने खेल में टॉप पर थे। उस वक्त कोई भी संस्थान उन्हें बखूबी अपनी सेवा में ले सकता था, पर उन्होंने रेलवे को चुना था। वे 1996 तक सहायक खेल अधिकारी के पद पर रहे, जबकि वे मास्को ओलंपिक की स्वर्ण विजेता टीम में शामिल थे। भारतीय हॉकी टीम के कप्तान भी बने। अर्जुन व पद्मश्री पुरस्कार से सम्मानित भी हुए, लेकिन उस रेलवे ने जिसे उन्होंने बड़प्पन समझकर अपनाया था, उसने उनकी कोई सुधि नहीं ली। तर्क यह दिया जाता रहा कि उन्हें नियमतः दो एडहाक प्रमोशन नहीं मिल सकता है। वे 2007 में जब अवकाश पर थे, तब उन्हें सूचित किया गया कि उनका प्रमोशन वापस ले लिया गया है, जबकि वहीं रेलवे ने ही ओलंपिक रजत पदक विजेता पहलवान सुशील कुमार को दो आउट ऑफ टर्न प्रमोशन दिए। इसका कभी शाहिद ने न बुरा माना और न ही किसी से गिला-शिकवा किया।

जहाँ तक खेल की बात है तो शाहिद के साथी खिलाड़ी एम.एम. सोमैय्या के अनुसार, 1982 के विश्वकप में एक समय शाहिद हॉलैंड के टाइज ज, पाल लिटजेंस जैसे धुरंधरों के साथ ही अन्य दो खिलाड़ियों से घिरे हुए थे, पर शाहिद ने चारों को अपनी ड्रिब्लिंग से पस्त कर दिया। इसी तरह 1986 में पाकिस्तान के विरुद्ध टेस्ट श्रृंखला में दिग्गज हसन सरदार, शाहिद की कलाकारी के आगे नतमस्तक होते हुए खीझ से उठे थे। उन्होंने तो शाहिद को बातचीत के लिए होटल के कमरे तक बुलाया। केवल सोमैय्या ने ही नहीं बल्कि मास्को ओलंपिक की विजेता हॉकी टीम के कप्तान भास्करन तक शाहिद की प्रशंसा में कसीदे काढ़ते रहे हैं।

❑

दागी हुए पर हॉकी से दूर नहीं कौशिक

सन् 2007 में एक फिल्म बनी थी, 'चक दे इंडिया'। महिला हॉकी को लेकर बनी इस फिल्म से हॉकी जगत् की दो हस्तियाँ भी गहरे रूप में जुड़ी थीं। इनमें एक एम.के. कौशिक और दूसरे मीर रंजन नेगी थे। दोनों के चलते फिल्म बड़ी सटीक और सही बनी थी। इस फिल्म के लेखक बॉलीवुड के जयदीप साहनी थे। दरअसल उन्होंने 2002 के राष्ट्रमंडल खेलों की स्वर्ण पदक विजेता भारतीय महिला हॉकी टीम के बारे में एक छोटा लेख पढ़ा था। उन्हें लगा कि इस पर एक अच्छी फिल्म बन सकती है। अपनी योजना उन्होंने निर्माता-निर्देशक आदित्य चोपड़ा के साथ साझा की।

एक इंटरव्यू में भी साहनी ने अपने विचार व्यक्त करते हुए कहा था कि इस फिल्म को बनाने के पीछे उनका मकसद था कि महिला हॉकी को भी व्यापक प्रचार-प्रसार मिले। उनके हिसाब से महिला हॉकी को जितनी प्रशंसा और प्रोत्साहन मिलना चाहिए था, उसका अभाव उन्हें खटक रहा था। फिल्म के लिए उन्होंने खिलाड़ियों से संपर्क साधना शुरू किया। इसी क्रम में पहले उनकी एम.के. कौशिक से फिर कौशिक की पहल पर मीर रंजन नेगी से मुलाकात हुई। उनका तो कहना है कि 'चक दे इंडिया' का पूरा ताना-बाना पूर्व मुख्य राष्ट्रीय प्रशिक्षक एम.के. कौशिक और राष्ट्रमंडल खेलों की स्वर्ण पदक विजेता भारतीय महिला टीम के इर्द-गिर्द घूमकर बना है। वे एम.के. कौशिक के खेल जीवन की उपलब्धियों से काफी प्रभावित हुए। उन्हें कौशिक के विचारों ने फिल्म बनाने को प्रेरित किया। जहाँ एक तरफ इस फिल्म के कथ्य और तथ्य के केंद्र

में कौशिक हैं तो वहीं मीर रंजन नेगी भी फिल्म का अहम हिस्सा माने जाते हैं।

उल्लेखनीय है कि मीर रंजन नेगी जब दिल्ली एशियाई खेलों में पाकिस्तान के विरुद्ध हॉकी फाइनल में एक-एक कर गोली होने के नाते सात गोल खा बैठे थे तो वे खलनायक बन गए थे। कुछ लोगों ने तो यहाँ तक कह दिया कि इस फिल्म की कहानी नेगी से मिलती-जुलती है। शुरू में नेगी ने भी खुद इनकार किया, पर बाद में वे बोले कि ऐसा मेरे साथ भी हो चुका है। इस फिल्म में शाहरुख खान ने कबीर खान नाम से प्रशिक्षक की भूमिका निभाई।

कौशिक से जहाँ साहनी को हॉकी की बेसिक जानकारी मिली, वहीं नेगी ने हॉकी खिलाड़ियों को इकट्ठा किया और शाहरुख़ खान सहित लड़कियों को चार महीने से अधिक की ट्रेनिंग दी। कौशिक का तो यहाँ तक कहना है कि मैंने खेल के बारे में हर जानकारी दी कि कैसे प्रशिक्षण शिविर आयोजित किए जाते हैं। लड़कियाँ किस तरह विभिन्न संस्कृतियों और पृष्ठभूमि से आती हैं। किस तरह प्रशिक्षक को विभिन्न राज्यों से आई हुई लड़कियों को लेकर टीम का चयन करने में मुसीबतें झेलनी पड़ती हैं।

चक दे इंडिया से पहले ही एम.के. कौशिक, यानी महाराज कृष्ण कौशिक भारतीय हॉकी में अपनी छाप एक खिलाड़ी और प्रशिक्षक के रूप में छोड़ चुके थे, पर 'चक दे' ने निश्चय ही उन्हें एक और ऊँचाई प्रदान की, लेकिन दुर्भाग्य यह रहा कि महिला हॉकी के उत्थान का परचम लहराने में अग्रणी भूमिका निभानेवाले कौशिक महिला खिलाड़ी द्वारा ही शर्मसार हुए। उन्हें भारतीय महिला हॉकी टीम की टी.एस. रंजीता ने कहीं का नहीं छोड़ा। उसने उन पर यौन प्रताड़ना का गंभीर आरोप लगाकर खेल जगत् में सनसनी फैला दी। यौन-उत्पीड़न के मामले ने इतना तूल पकड़ा कि कौशिक को अंततः राष्ट्रीय महिला हॉकी के मुख्य

प्रशिक्षक के पद से इस्तीफा देना पड़ा। साथ ही उन्हें एक जाँच समिति का सामना भी करना पड़ा।

यद्यपि वे निर्दोष साबित हुए। जाँच समिति का कहना था कि उन्होंने किसी खिलाड़ी का यौन-उत्पीड़न नहीं किया, लेकिन उनकी भाषा अश्लील और गाली गलौज वाली थी। उधर भारतीय हॉकी को झकझोर देनेवाले इस सेक्स स्कैंडल के बारे में बाद में असम की रंजीता ने भी कहा कि वह इस प्रकरण को अब भुला देना चाहती है। हालाँकि वह अपने आरोपों पर अडिग हैं। मैं नहीं चाहती कि यह मामला और आगे बढ़े। मैं तो इससे तंग आ चुकी हूँ।

उतार-चढ़ाव के दौर से परे यदि कौशिक के हॉकी जीवन की बात की जाए तो वे 1980 के मास्को ओलंपिक में स्वर्ण पदक विजेता भारतीय टीम के सदस्य थे। भारत ने ओलंपिक में अंतिम स्वर्णिम सफलता इससे पूर्व 1964 में हासिल की थी। सक्रिय हॉकी से दूर होने के बाद कौशिक प्रशिक्षक बन गए। उनके प्रशिक्षण का ही कमाल था कि भारत एशियाई खेलों में 32 वर्षों के लंबे अंतराल के बाद स्वर्ण पदक का मुँह देख सका। उल्लेखनीय है कि बैंकॉक एशियाई खेलों में भारत ने मास्को ओलंपिक के बाद पहली बड़ी सफलता प्राप्त की थी। इस जीत से भारतीय हॉकी में नई जान आ गई थी। इसी सफलता के बाद उन्हें महिला हॉकी टीम के प्रशिक्षण का उत्तरदायित्व सौंपा गया। वे 1991 से महिला हॉकी से जुड़े। उन्हीं के प्रशिक्षण के फलस्वरूप भारतीय महिला हॉकी टीम ने दोहा एशियाई खेलों 2006 में कांस्य पदक जीता। सेक्स स्कैंडल से वे बुरी तरह आहत हो गए थे, लेकिन वे टूटे नहीं थे, क्योंकि उनका मानना था कि सच तो एक दिन सामने आना ही था। वे शुरू से कहते आए थे कि मेरे खिलाफ लड़कियों को भड़काया गया है।

एक बार फिर हॉकी इंडिया ने उन्हें याद किया तो वे सहर्ष हॉकी की दुनिया में लौट आए। उन्हें अक्तूबर 2014 में हॉकी इंडिया ने मैनेजर, हाई परफॉरमेंस मध्य क्षेत्र एवं भारतीय हॉकी प्रशिक्षक नियुक्त किया। कौशिक 2014 में इंचियोन दक्षिण कोरिया एशियाई खेलों में स्वर्ण पदक जीतनेवाली भारतीय हॉकी टीम के

प्रशिक्षक थे। अपनी नियुक्ति के बारे में उनका कहना है कि इससे उन्हें हॉकी की सेवा करने का एक और अच्छा मौका मिला है और यह देश में हॉकी के बेहतरी के लिए उठाया गया एक सकारात्मक कदम भी है। हॉकी इंडिया के इस कदम से एक तरफ जहाँ इंफ्रास्ट्रक्चर को बढ़ावा मिलेगा, वहीं सही प्रतिभाओं की पहचान भी हो सकेगी।

2 मई, 1955 को जनमे एम.के. कौशिक हरियाणा खेल विभाग में उप-निदेशक हॉकी कार्यरत रहे हैं। वे पहली बार फरवरी 1991 से अक्तूबर 1994 तक अखिल भारतीय महिला हॉकी संघ की अध्यक्ष अरनवाज दमानिया के कहने पर महिला हॉकी टीम को प्रशिक्षण देने के लिए तैयार हुए थे। इस दौरान महिला टीम ने 11 टूर्नामेंटों में 48 मैच खेलते हुए जूनियर एशिया कप एवं सीनियर एशिया कप दोनों में कांस्य पदक जीता।

कौशिक को रहा गिला

एम.के. कौशिक को यह बात अब तक समझ में नहीं आई है कि उनसे मास्को ओलंपिक के दौरान क्यों भेदभाव किया जाता रहा। वे वहाँ कई बार बाहर बैठने को विवश होते थे, पर कौशिक यह नहीं समझ पाते थे कि आखिर मेरी कमी क्या है और कोई इस बारे में कुछ बताता तक नहीं था। यह अलग बात है कि वे मास्को ओलंपिक की स्वर्ण पदक विजेता भारतीय टीम के सदस्य रहे।

जहाँ तक कौशिक की बात है तो उनके अनुसार उन्होंने अपने जीवन का सर्वश्रेष्ठ गोल मुंबई विश्वकप में हॉलैंड के विरुद्ध किया। 1998 की एशियाई खेलों की विजेता हॉकी टीम को प्रशिक्षण देनेवाले कौशिक को बाद में प्रशिक्षक के पद से हटा तक दिया गया था। वे सक्रिय हॉकी के बाद एन.आई.एस., पटियाला प्रशिक्षक का कोर्स करने 1987 में गए थे। इसके बाद उन्होंने कई अवसरों पर अपने प्रशिक्षण से भारतीय टीम के लिए खुशी का माहौल बनाया।

❑

आक्रामक हॉकी के अग्रदूत परगट

यह सच है कि परगट सिंह पेनाल्टी कॉर्नर हिट लगाने में पृथीपाल सिंह की तरह सिद्धहस्त नहीं थे, न ही सुरजीत सिंह की तरह प्रभावी थे और साथ ही न तो राजिंदर सिंह की तरह 'एक्यूरेट' थे, बावजूद इसके वे अपने समकालीन फुल बैकों से कहीं से भी कमतर नहीं थे। अतीत के महान् फुल बैकों की ही तरह परगट सिंह को भी उतना ही मान-सम्मान, आदर और प्रशंसा मिली। यदि वे भारतीय हॉकी में अपनी अलग और अहम पहचान बनाने में सफल रहे तो इसका कारण उनकी मानसिक शक्ति और विपक्षी खिलाड़ी के विरुद्ध पूर्वानुमान की अपूर्व क्षमता थी। विपक्षी फॉरवर्ड से गेंद छीनने में वे अपनी कलाइयों का इस खूबसूरती और गति से इस्तेमाल करते थे कि लोग ठगे रह जाते थे। कई अवसर ऐसे भी होते थे, जब फॉरवर्ड उन्हें गच्चा देते हुए आगे बढ़ जाते थे, लेकिन अगले ही पल वे गेंद को अपने ही कब्जे में कर संकट को टाल देते थे। विपक्षी फॉरवर्ड को बड़ी चालाकी और चौंकन्नेपन से रोकने में उन्हें महारथ हासिल थी। उनमें गेंद की समझ और नियंत्रण बेजोड़ थी। वे कभी दकियानूसी फुल बैक नहीं रहे, बल्कि आगे बढ़-चढ़कर यहाँ तक कि गोल मारने में विश्वास करते थे। परगट सिंह का यह फंडा ही था कि आक्रमण ही बचाव का सबसे बड़ा हथियार है। इसमें वे पूरी तरह माहिर थे।

भला कौन 1985 में पर्थ में खेले गए चैंपियंस ट्रॉफी के एक मैच को भुला सकता है। भारत एक समय जर्मनी के विरुद्ध 1-5 से पीछे था। यही नहीं, खेल के मात्र 6 मिनट ही शेष थे। एक तरह से भारत की हार निश्चित थी, लेकिन ऐसे

नाजुक वक्त पर परगट सिंह ने अपना दूसरा ही रूप दिखाया। इस युवा खिलाड़ी ने अप्रत्याशित रूप और खेल से मैच का नक्शा ही बदल दिया। ताबड़तोड़ 4 गोल मात्र 6 मिनट में करके परगट ने भारत को हार से बचा लिया। इस अद्‍भुत एवं चमत्कारिक खेल से परगट सिंह वास्तविक हीरो बन गए। इसी तरह परगट ने फिर चैंपियंस ट्रॉफी में ही यादगार प्रदर्शन कर सभी का दिल जीत लिया। 198 6 में कराची में हुए मैच में परगट के खेल से ही भारत को हॉलैंड पर 3-2 की ऐतिहासिक विजय मिली।

परगट ने अपने खेल और कप्तानी से भारतीय हॉकी की नई परिभाषा लिखी। फुल बैक होने के बावजूद अपने तेज-तर्रार, आक्रामक और फर्राटेदार फॉरवर्ड की भूमिका से साथी खिलाड़ियों को प्रेरित करते हुए उन्हें आक्रामक हॉकी खेलने की सीख दी। वे बतौर फुल बैक भारत की जूनियर और सीनियर दोनों ही टीम में खेले। प्राकृतिक घास का मैदान हो या फिर एस्ट्रो टर्फ, दोनों ही मैदानों पर समान दक्षता और कुशलता से खेले। 1982 में एक जूनियर खिलाड़ी बनने के बाद 198 5 में वे जूनियर विश्वकप वैंकुवर में खेले।

अलग अंदाज, मिजाज और विश्वास के साथ ही एक अलग 'क्लास' के खिलाड़ी परगट सिंह को यह भी अनोखा श्रेय हासिल है कि वे लगातार दो ओलंपिक-1992 बार्सिलोना और 1996 अटलांटा में भारतीय हॉकी टीम के कप्तान थे। लगातार दो ओलंपिक में हॉकी टीम की कप्तानी का सम्मान किसी अन्य को नहीं प्राप्त है। दो ओलंपिक की कप्तानी करनेवाले परगट सिंह इससे पहले अपना पहला ओलंपिक 1988 सियोल में एक खिलाड़ी के तौर पर खेले थे।

इसी तरह वे पहली बार विश्वकप हॉकी प्रतियोगिता लंदन, 1986 में एक खिलाड़ी के रूप में खेले, जबकि भारतीय टीम 1990 लाहौर के विश्वकप में परगट की कप्तानी में खेली। परगट सिंह 1983 से 1997 तक भारतीय हॉकी के ध्वज वाहक

रहे। 1983 में हांगकांग में आयोजित 10 देशों की हॉकी प्रतियोगिता से परगट के अंतरराष्ट्रीय कॅरियर की शुरुआत हुई थी। इस दौरान उन्होंने तीन ओलंपिक, दो विश्वकप और दो एशियाई खेल, चैंपियंस ट्रॉफी, एशिया कप सहित कुल मिलाकर 300 से अधिक अंतरराष्ट्रीय मुकाबलों में भाग लिया। आँकड़ों की सीमा में बाँधना परगट के प्रति अन्याय होगा।

आँकड़े खेल के प्रति उनके योगदान को सही ढंग से नहीं दरशा सकते। न ही उनके व्यक्तित्व और निपुणता को उनके द्वारा खेले गए मैचों की संख्या और गोलों से नहीं समझी जा सकती। उन्हें भारतीय हॉकी का सर्वाधिक कुशल खिलाड़ी माना जाता है। हमेशा ही इस खिलाड़ी ने नई संभावनाओं को ईजाद किया। प्रयोगों के चलते वे कई बार मुश्किल में फँसे, लेकिन अपनी सोच और समझ से हर बाधा को पार किया।

परगट ने यदि भारतीय रक्षकों के बीच अपनी विशिष्ट और अलग पहचान बनाई तो इसकी वजहें भी हैं। खेल के प्रति गंभीरता और समर्पण के साथ ही शारीरिक स्वस्थता एवं शक्ति की वजह से वे बिल्कुल अलग इस वजह से नजर आए, क्योंकि वे निरंतर अभ्यास में तल्लीन रहते थे। कोई हो या न हो उनका अभ्यास अनवरत चलता रहता था। इसी लगन, समर्पण और अभ्यास के चलते परगट एक महान् खिलाड़ी बन पाए। एक आक्रामक फुल बैक के रूप में उनका कोई जवाब नहीं था। कुछ लोग तो उनके बारे में यह भी कहते हैं कि परगट सिंह भारतीय हॉकी में आक्रामक फुल बैक की अवधारणा को जन्म देनेवाले पहले खिलाड़ी हैं, पर कुछ लोगों की यह भी राय है कि सुरजीत सिंह ऐसे पहले फुल बैक थे, जिनका यकीन केवल जोरदार हिट मारने तक ही नहीं सीमित था, बल्कि गेंद को ड्रिबिल करते हुए आगे बढ़कर आक्रमण का आधार भी बनाते थे।

एक महान् खिलाड़ी, कप्तान होने के साथ ही वे विवादित भी कई अवसरों पर रहे। हॉकी अधिकारियों से उनकी तनातनी कभी कप्तानी तो कभी खिलाड़ियों के हितों को लेकर हुई। कप्तानी के मामले को लेकर ही उन्होंने 1988-89 में राष्ट्रीय

शिविर तक को छोड़ दिया था। खिलाड़ियों के हितों की रक्षा के लिए उन्होंने 1990 में प्लेयर्स एसोसिएशन की स्थापना भी कर डाली। उन्होंने चेन्नई में चैंपियंस ट्रॉफी के दौरान खिलाड़ियों को नियमित मैच फीस देने की वकालत की थी।

परगट सिंह को भले ही दो दशकों के दौरान भारत का सर्वश्रेष्ठ फुल बैक होने का सम्मान मिला और कप्तान के रूप में भी उन्होंने एक लंबी पारी खेली, लेकिन वे भारत को किसी बड़ी अंतरराष्ट्रीय प्रतियोगिता मसलन तीन ओलंपिक और दो विश्व कप में खेलते हुए टीम को विजयी मंच तक नहीं पहुँचा सके। बावजूद उन्हीं के नेतृत्व में 1990 में पाँच महाद्वीपों के क्लासिक टूर्नामेंट में एशिया को जहाँ सफलता मिली, वहीं उनकी कप्तानी में भारत ने 1991 और 1995 में अजलन शाह हॉकी टूर्नामेंट जीता। परगट को भी इस बात की गहरी निराशा एवं दुःख है कि वे अपने खेल जीवन में देश को ओलंपिक में स्वर्ण पदक नहीं दिला सके।

5 मार्च, 1965 को जालंधर कैंटोमेंट के निकट मीठापुर में जनमे परगट सिंह की प्रारंभिक शिक्षा गाँव के स्कूल में हुई। यह वही जालंधर शहर है, जहाँ अजित पाल सिंह और सुरिंदर सिंह सोढ़ी जैसे खिलाड़ी पैदा हुए हैं। परगट की तरह दोनों भारतीय हॉकी टीम के कप्तान भी बने हैं।

परगट सिंह को हॉकी में उनकी सेवाओं के लिए भारत सरकार ने 1989 में अर्जुन पुरस्कार और 1998 में पद्मश्री देकर सम्मानित किया। वे पंजाब के खेल निदेशक भी रहे। पंजाब पुलिस में अधीक्षक पद पर रहते ही डेपुटेशन पर वे खेल विभाग में आए थे। पंजाब में हॉकी के उत्थान में अग्रणी भूमिका निभानेवाले परगट सिंह खेल प्रशासक के साथ-साथ राज्य,राष्ट्रीय और अंतरराष्ट्रीय हॉकी संघ में भी महत्त्वपूर्ण पद पर रहे हैं। नवोदित हॉकी खिलाड़ियों के लिए उन्होंने जालंधर में हॉकी एकेडमी भी खोल रखी है। 2009 में चंडीगढ़ में उन्होंने चार देशों का पंजाब गोल्ड हॉकी टूर्नामेंट भी करवाया था।

वे अब राजनीति में हैं और जालंधर कैंट से सत्तारूढ़ पार्टी शिरोमणि अकाली दल के विधायक हैं। मैदान में एक निडर एवं लड़ाकू परगट सिंह का स्वभाव जहाँ व्यवस्था के खिलाफ बगावती तेवर वाला रहा है, वहीं वे मैदान के बाहर एक सरल, सहज और सौम्य स्वभाव के आकर्षक व्यक्तित्व के इनसान हैं।

❑

हॉकी की दीवार दिलीप टिर्की

दिलीप टिर्की को हॉकी की 'दीवार' अनायास नहीं कहा गया है। वे इसके पूरे हकदार हैं। 400 से ज्यादा कोई खिलाड़ी यदि रक्षण-पंक्ति में खड़ा होकर मुस्तैदी के साथ अपनी गतिविधियाँ जारी रखता है तो यह आसान बात नहीं है। 1995 में इंग्लैंड के विरुद्ध खेलकर अपने अंतरराष्ट्रीय कॅरियर की शुरुआत करनेवाले टिर्की 2001 तक, यानी लगातार छह सालों तक बिना एक भी मैच गँवाए हर मुकाबले में भारतीय टीम का हिस्सा बने रहे। इस दौरान एक भी मैच ऐसा नहीं हुआ, जिसमें वह न खेले हों और बाहर बैठे हों। उन्हें बाहर किए जाने का मतलब गोल खाना होता था। वे भारतीय रक्षण-पंक्ति की पहचान बने। वैसे कुल 412 अंतरराष्ट्रीय मैच खेलकर वे एक रिकॉर्ड बना चुके हैं। उनसे ज्यादा किसी अन्य भारतीय खिलाड़ी ने इतने मैच नहीं खेले हैं। अंतरराष्ट्रीय हॉकी में भी वे सर्वाधिक मैच खेलनेवाले खिलाड़ी होने का गौरव रखते हैं।

यदि वे इतने लंबे समय तक भारतीय हॉकी की सेवा करते रहे तो इसका एक बहुत बड़ा कारण उनका शांत स्वभाव रहा है। शायद ही कभी वे ऊँची आवाज में बोलते दिखाई पड़े हों। उनकी पत्नी मीरा का तो यहाँ तक कहना है कि कभी-कभी भले मैं गुस्सा हो जाऊँ, पर दिलीप कभी गुस्सा नहीं करते। वे आज तक नहीं समझ पाईं कि कोई इतना शांत कैसे हो सकता है। हाँ कभी-कभी मीरा को झटका उस वक्त लगता था, जब वे दिलीप को मैदान में नाराज होते हुए देखती थीं। बाद में वे

दिलीप से पूछती भी थीं कि क्या आप वही हैं ? ये सारी बातें इस बात की गवाह हैं कि वे इतने शांत और सरल स्वभाव के इनसान हैं।

वे कई मायनों में अद्वितीय खिलाड़ी नजर आते हैं। पहली बात तो यह है कि वे पहले ऐसे और अंतिम आदिवासी खिलाड़ी हैं, जिसे तीन ओलंपिक में खेलने का मौका मिला। वैसे वे दूसरे आदिवासी कप्तान हैं, जिसने ओलंपिक में भारत का नेतृत्व किया है। सबसे पहले आदिवासी कप्तान के रूप में जयपाल सिंह मुंडा का नाम सामने आता है, जिन्होंने 1928 के एम्सटर्डम ओलंपिक में भारत का नेतृत्व किया था। दिलीप पद्मश्री पाने वाले पहले आदिवासी खिलाड़ी हैं।

उड़ीसा के सुदूर आदिवासी इलाके सुंदरगढ़ में 25 नवंबर, 1977 को जनमे दिलीप टिर्की का पूरा परिवार ही हॉकी से जुड़ा रहा। पिता विनसेंट टिर्की जहाँ उड़ीसा के पूर्व हॉकी खिलाड़ी थे, वहीं उनके जुड़वाँ भाई अनूप और अजीत टिर्की रेलवे के लिए खेलते रहे हैं।

दिलीप टिर्की पहली बार 1996 में अटलांटा ओलंपिक में खेले। फिर 2000 में सिडनी और फिर 2004 में एथेंस ओलंपिक में। इसके अलावा वे तीन विश्वकप–1998, 2002, 2006, चार चैंपियंस ट्रॉफी 1996, 2002, 2003, 2004, तीन एशियाई खेलों 1998, 2002, 2006, तीन एशिया कप 1999, 2003, 2007, एक राष्ट्रमंडल खेल–1998, एक दक्षिण एशियाई खेल–1995, एक एशियाई खेल–2003 और अजलन शाह हॉकी टूर्नामेंट आदि में भी खेले। टिर्की ने 1995 में इंदिरा गांधी गोल्ड कप में खेलकर अपने अंतरराष्ट्रीय कॅरियर की शुरुआत की थी। फुल बैक की पोजीशन से खेलनेवाले टिर्की को पेनाल्टी कॉर्नर लगाने में भी दक्षता हासिल थी। उनकी गणना दुनिया के सबसे बेहतरीन क्षेत्र रक्षकों में अपनी टाइट मार्किंग के कारण होती थी। किसी भी फॉरवर्ड को उन्हें परास्त करना आसान नहीं होता था। कुछ समय के लिए उन्होंने भारतीय हॉकी टीम की कप्तानी भी की। वे और भी लंबे वक्त तक खेलना चाहते थे, लेकिन घुटने की चोट एवं तकलीफ ने उन्हें असमय ही मैदान से दूर कर दिया। उनकी बड़ी इच्छा भारत में 2010 में होनेवाले विश्वकप और राष्ट्रमंडल खेलों में खेलने को लेकर थी, लेकिन वे अपनी इस इच्छा को घुटने की चोट की वजह से पूरी नहीं कर पाए। फिटनेस की समस्या से जूझने के चलते, असमय ही संन्यास लेना पड़ा। टिर्की को इस बात का मलाल है कि वे विश्वकप और ओलंपिक में भारत के लिए कोई पदक नहीं जीत पाए। उन्हें 1997 में जूनियर विश्व एकादश, 2002 में एशियाई एकादश, 2006 एवं 2007 में वर्ल्ड

ऑल-स्टार टीम में चुना गया।

दिलीप टिर्की के प्रेरणा स्रोत सचिन तेंदुलकर, लिएंडर पेस और वाईचुंग भूटिया रहे हैं। इन खिलाड़ियों की अपने-अपने खेलों में 'मजबूती' ने टिर्की को आगे बढ़ने और हॉकी जगत् में टिके रहने की प्रेरणा दी।

भले ही असमय टिर्की का खेल जीवन समाप्त हो गया, लेकिन 2 मई, 2010 को संन्यास की घोषणा के ढाई साल बाद एक बार फिर उन्होंने स्टिक थामी, पर बतौर एक प्रशिक्षक। भारतीय रक्षण-पंक्ति को चुस्त-दुरुस्त करने के लिए उस वक्त हॉकी के मुख्य प्रशिक्षक माइकल नोब्स ने टिर्की को शिविर में आमंत्रित किया था।

दिलीप से हुआ गाँव रोशन

ओलंपियन दिलीप टिर्की ने खेल में ही महारथ हासिल नहीं की, बल्कि अपने पिछड़े गाँव और जिले को चर्चित बनाया और उन्हीं की वजह से उनका गाँव बिजली से रोशन भी हुआ। यह कहना दिलीप के घर के पास ही रहनेवाले एक पड़ोसी का है। यही नहीं, जब दिलीप भारत के कप्तान बने तो उनके गाँव में सड़क भी बनी।

2004 के एथेंस ओलंपिक में तो दिलीप के जिले सुंदरगढ़ के दो अन्य खिलाड़ी विलियम एक्साल को एवं इग्नेश टिर्की भी खेले थे। इसके पहले उड़ीसा के माइकल किंडो और पीटर टिर्की ने भी हॉकी जगत् में अच्छा-खासा नाम कमाया था।

❑

गुदड़ी के लाल हैं धनराज

धनराज पिल्ले ने कितने मैच खेले या फिर कितने गोल किए, यह सब बेमानी से हैं, क्योंकि वे भारतीय हॉकी के सर्वश्रेष्ठ सदाबहार खिलाड़ियों में से एक हैं और साथ ही वे देश के सर्वाधिक लोकप्रिय खिलाड़ी भी हैं। वे एक करिश्माई खिलाड़ी रहे हैं, जिसने अपने तेज-तर्रार और तूफानी गति एवं लय के खेल से सबको चमत्कृत किया। सौंदर्य से भरा खेल रहा है धनराज का। उनका स्टिक वर्क, विरोधियों को चकमा देने की कला और उन्हें धोखे में रखकर चतुराई से पछाड़ने में वे बेजोड़ रहे हैं। 339 अंतरराष्ट्रीय मैचों में खेलते हुए 170 गोल कोई मामूली खिलाड़ी नहीं दाग सकता है।

भले ही धनराज का जन्म एक मामूली परिवार में और पालन अभावों के बीच में हुआ। टूटी हॉकी स्टिक और चीथड़ों से बनी उबड़-खाबड़ गेंद से खेलकर यदि वे इस खेल की बुलंदियों तक पहुँचे तो इसके पीछे उनकी गजब की मेहनत, लगन और एक सपना के साथ ही हद दरजे का जुनून भी था। आला दरजे के फिटनेस के चलते वे एक लंबे समय तक न केवल खेले ही, बल्कि हॉकी का परिदृश्य भी उनके इर्द-गिर्द घूमता रहा। फिटनेस की जहाँ तक बात है तो इसका राज 1990 में लखनऊ में लगा प्रशिक्षण शिविर है। उल्लेखनीय है कि बीजिंग एशियाई खेल के लिए यहीं ध्यानचंद एस्ट्रो टर्फ स्टेडियम में भारतीय टीम का तीन महीने के लिए प्रशिक्षण शिविर लगा था। खिलाड़ियों को अतिरिक्त मजबूती देने के लिए उन्हें रोड-रनिंग के अलावा कुरसी रोड के अगल-बगल के ईंट के भट्ठों में भी दौड़ाया

जाता था। उस समय की यह मेहनत धनराज के बहुत काम आई। धनराज ने अपने पूर्ववर्ती आक्रामक ड्रिब्लर मोहम्मद शाहिद की मानिंद खेलते हुए उनकी कॉपी कर अपनी अलग इमेज और स्थान बनाया।

धनराज केवल एक महान् खिलाड़ी ही नहीं रहे हैं, बल्कि वे बड़े संवेदनशील भी हैं। बात 1998 की है। टीम बैंकॉक एशियाई खेलों की विजेता बनकर लौटी थी, लेकिन उन्हें लेने के लिए हवाई अड्डे पर एक भी शख्स नहीं था। यद्यपि टीम 32 वर्षों के लंबे अंतराल के बाद एशियाई खेलों में विजेता बनी थी। विजेता टीम के इस कदर नजर अंदाज किए जाने पर धनराज को बहुत गुस्सा आया था। इस गुस्से में ही उन्होंने कह डाला कि वे अपने बच्चे को कभी हॉकी नहीं खेलने देंगे। बाद में धनराज ने यह कबूला कि यह बात गुस्से में कही गई थी। विजेताओं का सम्मान न किए जाने से वे आहत हो उठे थे, वरना हॉकी तो उनकी जान है। गलत बात उन्हें कभी बरदाश्त नहीं हुई। यही वजह रही कि उन्होंने न केवल खिलाड़ियों के हित में आवाज ही बुलंद की, बल्कि अधिकारियों के खिलाफ मोरचा खोला। एक बार तो जब वे कप्तान थे और टीम को पाकिस्तान जाना था, उस वक्त टीम के सदस्यों को मैच फीस का भुगतान न किए जाने की स्थिति में दौरे पर न जाने की धमकी तक दे डाली थी। उस वक्त भारतीय हॉकी संघ के अध्यक्ष के.पी.एस. गिल थे। उन्होंने जब धनराज से पूछा कि उन्हें कितनी धनराशि चाहिए तो कप्तान धनराज ने कहा कि ये पैसे का नहीं, बल्कि यह सिद्धांत की बात है।

खिलाड़ी के तौर पर लगभग डेढ़ दशक तक देश की सेवा करनेवाले धनराज मूलतः तमिलभाषी हैं, पर उनका परिवार पुणे आकर बस गया था। 16 जुलाई, 1968 को जनमे धनराज के पिता ऑर्डीनेंस फैक्टरी में भले ही कार्यरत थे, लेकिन उनके परिवार के कई सदस्यों का हॉकी से संबंध था। उनके एक नजदीकी रिश्तेदार मरूदावनम पिल्लै तो 30 के दशक के दौरान नागपुर में हॉकी के जादूगर ध्यानचंद

एशियाड (1998) विजय की खुशी में रोते धनराज

के साथ तक खेले थे। यहाँ तक कि उनके बड़े भाई रमेश का पुणे और बंबई के हॉकी क्लबों से संबंध था। रमेश के चलते ही धनराज ने भी हॉकी से नाता जोड़ लिया था। बंबई में खेले पहले मैच में ही अपने जोरदार प्रदर्शन से हॉकी पंडितों और प्रशिक्षकों का ध्यान अपनी ओर आकर्षित कर लिया। वे 17 वर्ष की उम्र में पहली बार जूनियर राष्ट्रीय हॉकी प्रतियोगिता मणिपुर में खेले। दिल्ली में 1987 में हुई संजय गांधी प्रतियोगिता में भी उन्हें खेलने का मौका मिला। अपनी पहली राष्ट्रीय प्रतियोगिता 1988 में दिल्ली में खेली। अपने अति तीव्र गति के चलते वे हॉकी समुदाय में 'तूफान' के रूप में चर्चित हो गए। इसका कारण यह था कि वे 100 मीटर का फासला 11.6 सेकेंड में तय कर लेते थे। धनराज के खेल से प्रभावित होकर प्रसिद्ध खिलाड़ी एवं प्रशिक्षक जोएकिम कारवल्हो ने उन्हें महिंद्रा ऐंड महिंद्रा टीम से जुड़ने को आमंत्रित किया। इस टीम से जुड़कर धनराज को अंतरराष्ट्रीय ख्याति के एम.गोम्स और मार्क पैटरसन जैसे खिलाड़ियों के साथ खेलने का सुअवसर मिला। धनराज को कारवल्हो के निर्देशन में अपनी प्रतिभा को निखारने का भरपूर अवसर प्राप्त हुआ।

अंतरराष्ट्रीय हॉकी में धनराज का पदार्पण 1989 में नई दिल्ली में हुए एशिया कप हॉकी टूर्नामेंट के साथ हुआ। 20 दिसंबर, 1989 को वे चीन के विरुद्ध अपना पहला अंतरराष्ट्रीय मैच खेले। इसके बाद तो वे एक ऐसा जाना-पहचाना नाम बन

गए, जिसके बिना हॉकी टीम की कल्पना नहीं की जाने लगी। इसी का नतीजा है कि चार ओलंपिक 1992, 1996, 2000 और 2004 में भागीदारी के अलावा वे चार विश्वकप 1990, 1994, 1998 और 2002, चार चैंपियंस ट्रॉफी 1995, 1996, 2002 और 2003, चार एशियाई खेल 1990, 1994, 1998 और 2002 में बखूबी खेले। तेज-तर्रार और आक्रामक खेलवाले धनराज ने सफल कप्तानी की। 1998 के एशियाई खेलों में एक लंबे अरसे बाद उनके नेतृत्व में न केवल भारत को स्वर्णिम सफलता ही मिली, बल्कि धनराज को बैंकॉक खेलों में सर्वाधिक 10 गोल करने का गौरव भी हासिल हुआ। कायदे से उन्हें 1998 में हुई विश्वकप प्रतियोगिता में भी टीम कप्तानी सौंपी जानी चाहिए थी, पर दुर्भाग्य से ऐसा नहीं हुआ। वे दोबारा 1998 में कोलालामपुर में हुए राष्ट्रमंडल खेलों में पहली बार आयोजित हॉकी स्पर्धा में कप्तान थे। 2003 में खेली और जीती गई एशिया कप हॉकी में भी कप्तान थे। जिस तरह जितनी बड़ी संख्या में उन्होंने इतने बड़े टूर्नामेंटों में भाग लेनेवाले इकलौते भारतीय खिलाड़ी होने की असाधारण उपलब्धि हासिल कर रखी है, ठीक उसी तरह सिडनी विश्वकप हॉकी-1994 के बाद विश्व एकादश टीम में स्थान पानेवाले पहले भारतीय खिलाड़ी भी हैं।

भारत के लिए अत्यधिक अंतरराष्ट्रीय मैच खेलने वाले धनराज विदेशी क्लबों के लिए भी खासकर लंदन के इंडियन जिमखाना, फ्रांस के लियान, मलेशिया के बी.एस.एन एवं टेलीकॉम, ढाका के अभाहनी लिमिटेड, जर्मनी के एचटीसी स्टुटगार्ट किकर्स हॉकी क्लब में खेले।

इस महान् खिलाड़ी की अद्वितीय सेवाओं एवं हॉकी के प्रति अगाध समर्पण के चलते उन्हें जहाँ 1999-2000 में भारत सरकार ने राजीव गांधी खेल रत्न पुरस्कार से सम्मानित किया, वहीं उन्हें 2000 में पद्मश्री से भी नवाजा गया। इसके पूर्व उन्हें 1995 में अर्जुन पुरस्कार भी मिला था। 2000 में जर्मनी के कोलोगने में हुई चैंपियंस ट्रॉफी में उन्हें 'प्लेयर ऑफ द टूर्नामेंट' घोषित किया गया था। अपने साथ नाइनसाफी होते देख इस करिश्माई खिलाड़ी ने 2004 में अंतरराष्ट्रीय हॉकी जगत् से संन्यास ले लिया। 2004 में जब धनराज ने अपना आखिरी मैच एथेंस ओलंपिक में खेला था, तब उनकी उम्र 39 साल थी।

❑

HOCKEY

विविध

पहले कप्तान जयपाल

बागी, विवादास्पद और बहुमुखी व्यक्तित्व के धनी जयपाल सिंह जैसा शख्स भारतीय हॉकी में शायद ही कोई दूसरा मिले। हॉकी से उन्हें नाम तो मिला, लेकिन साथ ही इस खेल ने उन्हें प्रतिष्ठित आई.सी.एस. डिग्री से मरहूम भी कर दिया। अश्वेत होने के नाते उन्हें कॉलेज के प्रिंसिपल का पद भी गँवाना पड़ा। ब्रिटेन से लौटने के बाद वे राजनीति से भी जुड़े और आदिवासियों के तो वे मसीहा तक कहलाए। वे दूसरा ओलंपिक भी खेल सकते थे, लेकिन 'बागी' होने के नाते वे असफल रहे।

जयपाल सिंह भारत के पहले ओलंपिक कप्तान बने तो इसके पीछे संभावना यही नजर आती है कि केवल खेल को देखकर उन्हें कप्तानी की बागडोर नहीं सौंपी गई थी। दरअसल भारतीय हॉकी संघ का गठन न केवल ब्रिटिश अफसरों की सहायता से हुआ, बल्कि 1932 तक भारतीय हॉकी पर उन्हीं लोगों का प्रभाव था। संभवत: इसीलिए न सिर्फ जयपाल ही 1928 के एम्सटर्डम ओलंपिक के लिए चुने गए, बल्कि इतिकार अली खान पटौदी और एस.एम. यूसुफ भी इंग्लैंड में रहते हुए टीम में शामिल किए गए थे। जयपाल तो कप्तान तक बने। पटौदी तो टीम में चुने जाने के बावजूद ओलंपिक में नहीं खेले। दरअसल उनका पहला प्यार क्रिकेट था और वे टेस्ट टीम में खेले।

मजे की बात तो यह है कि जयपाल सिंह ने क्वार्टर फाइनल तक टीम से जुड़े रहकर कप्तानी की, क्योंकि इसके बाद वे ऑक्सफोर्ड लौट गए। फिर उनकी जगह सर्वकालीन सर्वश्रेष्ठ सेंटर हॉफों में स्थान पानेवाले एरिक पेनिगर ने टीम का

नेतृत्व किया।

वैसे उन्होंने स्कूली जीवन से ही हॉकी खेलना प्रारंभ कर दिया था। जब वे ऑक्सफोर्ड विश्वविद्यालय गए तो वहाँ भी हॉकी से जुड़े रहे। निःसंदेह वे एक अच्छे खिलाड़ी थे। इसी वजह से उनका विश्वविद्यालय की टीम में चयन हुआ था। उन्हें विंबलडन हॉकी क्लब के लिए भी खेलने का सम्मान मिला। वे ऑक्सफोर्ड विश्वविद्यालय की हॉकी टीम के सदस्य थे। वे डीप डिफेंडर की पोजीशन से खेलते थे। उनके खेल की खास बात यह थी कि वे बहुत सूझ-बूझ से खेलने के साथ ही शक्तिशाली तेज हिट लगाने में माहिर थे। विश्वविद्यालय ने भी उनकी हॉकी योग्यता को पहचाना। यही वजह थी कि वे हॉकी में 'ऑक्सफोर्ड ब्लू' पाने वाले पहले भारतीय थे। उनके खेल की तारीफ ब्रिटिश पत्रों में इस कदर छपी थी कि उन्हें विश्वविद्यालय की टीम में बिना चयन स्पर्धा के शामिल कर लिया गया था।

1928 में जब वे इंग्लैंड में ऑक्सफोर्ड में अध्ययनरत थे तो उनसे हॉकी टीम की कप्तानी के बाबत पूछा गया था। उनकी कप्तानी में भारत ने लीग चरण में कुल 17 मैच खेले, जिसमें भारत 16 में विजयी और एक मैच ड्रा रहा। सब कुछ ठीक-ठाक चल रहा था, लेकिन इंग्लिश टीम मैनेजर ए.बी. रोजियर से कहा-सुनी के बाद जयपाल सिंह ने लीग चरण के बाद टीम से किनारा कर लिया। बाद में भारतीय टीम ने फाइनल में हालैंड को 3-0 से हराकर स्वर्ण पदक जीता।

भारत की कप्तानी करने का दंड भी उन्हें भुगतना पड़ा, क्योंकि जिस वक्त वे ऑक्सफोर्ड से आई.सी.एस. इंडियन सिविल सर्विस कर रहे थे, उसी समय उनसे भारतीय टीम की कप्तानी का आग्रह हुआ था। उन्होंने छुट्टी की दरख्वास्त दी थी, लेकिन छुट्टी मंजूर न होने के बावजूद वे खेलने चले गए। इसका परिणाम यह हुआ कि उन्हें एक साल और कोर्स करने के लिए कहा गया। विश्वविद्यालय

प्रशासन के अनुसार उन्होंने नियमों का पालन नहीं किया था। आई.सी.एस. न कर पाने की वजह से जयपाल सिंह के कॅरियर पर दुष्प्रभाव भी पड़ा, लेकिन इसका उन्हें जीवन भर कोई गिला नहीं रहा।

भारत लौटने के बाद जयपाल सिंह कलकत्ता के मोहन बगान क्लब से जुड़े। यहाँ उन्होंने 1929 में क्लब की हॉकी टीम तैयार की। उन्होंने कई टूर्नामेंटों में इस क्लब की हॉकी टीम की कप्तानी भी की। सक्रिय हॉकी से संन्यास लेने के बाद उन्होंने बंगाल हॉकी एसोसिएशन के सचिव का पद भी सँभाला और वे भारतीय खेल परिषद् के सदस्य भी बने।

वे तो एक अच्छे संयोजक भी थे, जिसके चलते वे अपने विश्वविद्यालय की टीम को कई बार भारत लाए। इस भ्रमणकारी टीम ने बड़ौदा, पटियाला और भोपाल आदि शहरों में मैच खेले। यदि उनके इतिहास पर नजर डालें तो वे काफी प्रतिभा संपन्न थे। वे एक सुदूर आदिवासी इलाके से संबंधित थे।

जयपाल सिंह मुंडा का जन्म 3 जनवरी, 1903 को राँची जिले के खूँटी सब डिवीजन के सुदूर गाँव टपकरा में हुआ था। यह आदिवासी मुंडा बाहुल्य क्षेत्र था। पहले वे गाँव के चर्चित स्कूल में पढ़े, फिर आगे की पढ़ाई के लिए राँची के सेंट पाल स्कूल में आ गए। वे एक अच्छा हॉकी खिलाड़ी होने के साथ-साथ पढ़ाई में भी काफी तेज थे। उनमें लीडरशिप की भी गजब की क्षमता थी। इसका ईसाई मिशनरी द्वारा संचालित स्कूल प्रशासन ने नोटिस लिया। उन्हें उच्च शिक्षा के लिए स्कूल के प्रिंसिपल कैनन गॉसग्रेव ऑक्सफोर्ड विश्वविद्यालय ले गए। इस तरह वे जो पहले प्रमोद पहान कहलाते थे, वे अब जयपाल सिंह के नाम से प्रचलित हो गए।

वे आदिवासियों के तो 'मरांग गोमके' तक कहलाए। इसका मतलब महान् नेता होता है। छोटानागपुर के आदिवासी उन्हें इसी नाम से संबोधित करते थे। उन्होंने आदिवासी महासभा की स्थापना की। आदिवासियों के उत्थान के लिए उन्होंने अत्यधिक संघर्ष किया। उन्हीं के जनजागरण का ही प्रभाव था कि लंबे अरसे बाद झारखंड राज्य का गठन हुआ। वे पाँच बार राँची से सांसद बने।

उनका निधन 20 मार्च, 1970 को दिल्ली में हुआ। उस वक्त राँची में एक खेल स्टेडियम के निर्माण की आधारशिला रखी गई थी। बिरसा सेवा दल ने प्रशासन से स्टेडियम का नाम जयपाल सिंह स्टेडियम रखने का आग्रह किया था। झारखंड सरकार ने उनकी बात मानते हुए एक शानदार जयपाल सिंह मुंडा गेम्स कॉम्पलेक्स का निर्माण करवाया, जहाँ राष्ट्रीय खेल तक संपन्न हुए।

❑

सबसे युवा कप्तान सरदार

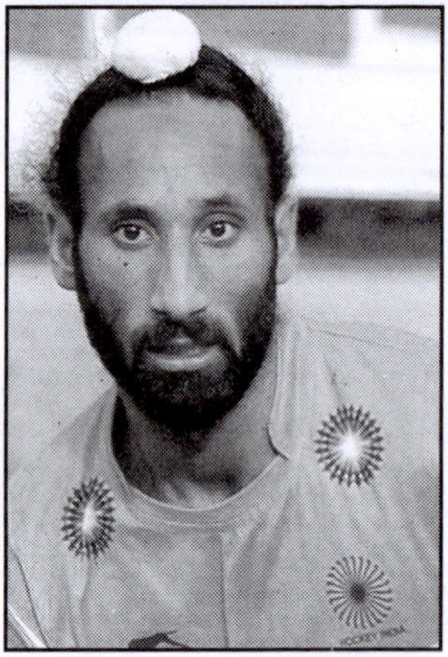

कप्तान बनने का सौभाग्य बहुतों को मिलता है, लेकिन सरदार सिंह जब कप्तान बने तो वे इतिहास बन गए। 2008 में जब उन्हें अजलन शाह हॉकी प्रतियोगिता मलेशिया के लिए टीम की कप्तानी सौंपी गई, तब उनकी उम्र महज 22 साल ही थी। इस तरह उन्हें भारतीय हॉकी टीम की कमान सँभालनेवाले सबसे कम उम्र के खिलाड़ी होने का गौरव हासिल हुआ। यही नहीं, जब हॉकी इंडिया लीग एच.आई.एल. की शुरुआत हुई तो वे सबसे महँगे खिलाड़ी बनकर उभरे। उन्हें दिल्ली वेबराइडर्स ने 42.49 लाख रुपए देकर न केवल खरीदा ही, बल्कि टीम की कप्तानी भी सौंपी। सरदार के लड़कों ने उद्घाटन एच.आई.एल. में दूसरा स्थान हासिल कर अपनी धाक जमाने में सफलता प्राप्त की। वे खुद 'प्रतियोगिता का खिलाड़ी' घोषित हुए थे। उनकी कप्तानी में भारत को अजलन शाह हॉकी में रजत पदक मिला था। यही नहीं, 2008 में उनकी कप्तानी में भारत बारह सालों के लंबे अंतराल के बाद फाइनल में पहुँचा था। 2008 में सरदार सिंह भारत के लिए सर्वाधिक 26 मैच खेलने वाले इकलौते खिलाड़ी भी बने थे, जबकि इसके पूर्व 2007 में सरदार सिंह के ही गोल से भारत ने कांस्य पदक जीता था। भारत को इस प्रतियोगिता में अच्छी-खासी कामयाबी मिलती रही है। 2009 और 2010 में तो भारत अजलन शाह हॉकी प्रतियोगिता का विजेता रहा है।

भारतीय हॉकी टीम की कमान सँभालनेवाले सरदार सिंह के खेल जीवन में उतार-चढ़ाव भी आया। एक वक्त तो ऐसा भी आया, जब इस दिग्गज खिलाड़ी

ने हॉकी से नाता तोड़ने का निश्चय कर लिया था। न केवल सरदार सिंह, बल्कि संदीप सिंह को भी निलंबन का दंश झेलना पड़ा था। दोनों खिलाड़ियों ने एक साथ पिछले वर्ष अगस्त में बेंगलूरू में लगे चैंपियंस ट्रॉफी शिविर से किनारा कोचिंग स्टॉफ द्वारा दुर्व्यवहार किए जाने से कर लिया था। इस पर हॉकी इंडिया ने दोनों खिलाड़ियों को दो साल के लिए निलंबित कर दिया था। इस पर कुपित होकर दोनों ने तो हॉकी छोड़ने का मन बना लिया था। इसके पूर्व सरदार सिंह ओलंपिक क्वालीफायर प्रतियोगिता में 'प्रतियोगिता का खिलाड़ी' घोषित हुए थे।

उतार-चढ़ाव से भले ही सरदार सिंह का दिल टूटा, लेकिन भारतीय हॉकी के इस चमकते सितारे ने अपने खेल से युवाओं को हॉकी से जुड़ने की जबरदस्त प्रेरणा दी। लंबे कद-काठी के सरदार सिंह का अंतरराष्ट्रीय कॅरियर भारतीय हॉकी की जूनियर टीम के साथ 2003-04 में पोलैंड के दौरे से प्रारंभ हुआ। दक्षिण कोरिया के इंचियोन में एशियाई खेलों के लिए पहुँचने के बाद ही सरदार सिंह के दादा का देहांत हो गया था, लेकिन उनके परिवारवालों ने इस खबर को सरदार सिंह से छिपाए रखा, ताकि उनकी एकाग्रता भंग न हो। देश को 16 वर्षों के लंबे अंतराल के बाद अपनी कप्तानी में एशियाई खेलों का स्वर्ण पदक दिलानेवाले कप्तान सरदार सिंह जब स्वदेश लौटे, तब जाकर उन्हें यह पता चला कि उनके दादाजी का देहांत हो चुका है। भारतीय टीम 12 सितंबर, 2014 को इंचियोन गई थी, जबकि 16 सितंबर को उनके दादा का निधन हुआ था। 19 दिसंबर को सरदार सिंह को ही भारत का ध्वज लेकर उद्घाटन समारोह में चलना था। इसके एक दिन पहले ही उनकी घरवालों से बात भी हुई थी। उनका कॅरियर 2006 में पाकिस्तान के विरुद्ध खेलकर शुरू हुआ।

भारतीय टीम में खेलने और कप्तानी करने के अलावा वे अपने राज्य हरियाणा की टीम से भी खेलते हैं। हॉकी के इस स्टार को राज्य सरकार ने उप पुलिस अधीक्षक बनाकर पुरस्कृत किया है। सरदार सिंह को अंतरराष्ट्रीय हॉकी संघ की ऑल स्टार टीम में भी 2010 में शामिल होने का श्रेय प्राप्त

है। इसी साल बेल्जियन क्लब के.एच.सी. ल्यूवेन ने उन्हें बेल्जियन हॉकी लीग के लिए अनुबंधित किया। इसी तरह 2013 में एशिया कप में उनके शानदार खेल को देखकर डच क्लब ने भी उन्हें अनुबंधित किया। इसके पूर्व वे भारत की प्रीमियर हॉकी लीग में चंडीगढ़ डायनामोज के लिए खेले थे। इसके बाद वे तीन सालों तक हैदराबाद सुल्तांस टीम से न केवल जुड़े, बल्कि कप्तानी भी की।

हरियाणा के रनिया तहसील सिरसा के संत नगर गाँव में 15 जुलाई, 1986 को जनमे सरदार सिंह को पहले सरदारा सिंह नाम से जाना जाता था। हॉकी तो उनके खून में है। उनके भाई दीदार सिंह भारत के लिए भी खेल चुके हैं। लिक के विशेषज्ञ दीदार सिंह हरियाणा और चंडीगढ़ डयनामोज के लिए भी खेले हैं।

मिड फील्डर के खिलाड़ी सरदार सिंह कभी इन साइड फॉरवर्ड से सेंटर हॉफ की पोजीशन से खेला करते थे। 2010 में तो वे मिड फील्ड से डिफेंस लाइन में आ गए थे और वे अजलन शाह हॉकी प्रतियोगिता के खिलाड़ी बने। सबसे पहले वे अजलन शाह में 2006 में खेले थे, जहाँ भारत को कांस्य पदक मिला था। बड़े टूर्नामेंटों की बात करें तो सरदार सिंह भारत के लिए दो राष्ट्रमंडल खेलों 2010 दिल्ली एवं 2014 ग्लास्गो के अलावा दो एशियाई खेलों 2010 ग्वांगझू एवं 2014

इंचियोन के साथ ही दो एशिया कप 2007 चेन्नई एवं 2013 इपोह में खेले। ग्लास्गो में वे भारतीय टीम के कप्तान थे।

सरदार सिंह की पहचान हॉकी जगत् में एक ऑल राउंडर की है। वे जहाँ अंतरराष्ट्रीय हॉकी संघ एफ.आई.एच. द्वारा घोषित आल स्टार्स टीम में 2010 एवं 2011 में शामिल किए गए थे, वहीं वे दिल्ली राष्ट्रमंडल खेलों 2010 के साथ ही 2012 के अजलन शाह हॉकी प्रतियोगिता के भी सर्वश्रेष्ठ खिलाड़ी रहे।

खेल जीवन में बाजी मारनेवाले सरदार सिंह 'लव गेम' में भी पीछे नहीं रहे, लेकिन पहल कप्तान सरदार सिंह की बजाय उनकी प्रेमिका अशपाल कौर ने की थी। एक दिन फेसबुक पर उन्हें एक संदेश, 'सरदार सिंह आप एक महान् खिलाड़ी हैं। मैं आपको पसंद करती हूँ' भेजा। इंग्लैंड की अंडर 19 हॉकी टीम की सदस्या अशपाल द्वारा भेजे गए इस प्रेम संदेश के बाद दोनों की नजदीकियाँ बढ़ीं और अंततः दोनों अब शादी करने पर रजामंद हैं। यह शादी 2016 में रियो ओलंपिक के बाद होनी है।

❑

संसार में 'संसारपुर' जैसा गाँव नहीं

युवा जसजीत सिंह कुलार के चलते संसारपुर एक बार फिर चर्चित हो उठा है। यह वही संसारपुर गाँव है, जिसने एक नहीं, बल्कि 14 ओलंपियन दिए हैं। यह हॉकी का एक ऐसा अनूठा और अनुपम गाँव है, जिसकी दूसरी मिसाल न केवल भारत, बल्कि दुनिया में कहीं और नहीं देखने को मिलेगी। उल्लेखनीय बात तो यह है कि जालंधर के करीब इस छोटे से गाँव में सभी 14 ओलंपियन एक ही गली के हैं और सभी का उपनाम भी एक ही कुलार है। यह गाँव करीब 134 हेक्टेयर क्षेत्रफल में है। जसजीत सिंह ने वर्ल्ड लीग सेमी फाइनल 2015 में अपने शानदार खेल से सभी का ध्यान खींचा। उसने मलेशिया के खिलाफ भारत की 3-2 की जीत में दो गोल दागे। जसजीत के अनुसार ये दोनों गोल उन्होंने अंतरराष्ट्रीय हॉकी में पहली बार ड्रैग लिक से किए हैं।

सवाल यह उठता है कि आखिर इसी ही गाँव से हॉकी के इतने दिग्गज कैसे निकले? इसका मुख्य कारण यह है कि 19वीं सदी के अंत तक तथा 20वीं सदी की शुरुआत में अंग्रेजों ने जब जालंधर छावनी बनाई तो आस-पास का सारा खेती का क्षेत्र अपने कब्जे में ले लिया। उन्होंने युवाओं को व्यस्त रखने के लिए हॉकी का खेल उन्हें सिखाया। अंग्रेजों ने संसारपुर में हॉकी का मैदान बनवा दिया, ताकि गाँववाले भी इस खेल को सीखकर अपना हुनर निखार सकें। फौज में नई भरती हुई तो

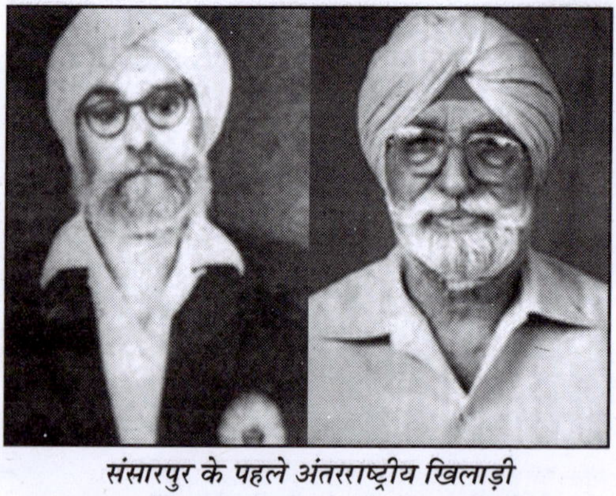

संसारपुर के पहले अंतरराष्ट्रीय खिलाड़ी ठाकुर सिंह और पहले ओलंपियन गुरमीत सिंह

संसारपुर के ओलंपियन

गाँववालों को भी मौका दिया गया। इन्हीं सबके चलते संसारपुर के वासिंदों ने हॉकी में महारत हासिल कर ली।

देखा जाए तो 1910 में भारतीय सेना में हॉकी की शुरुआत हुई। हॉकी की पहली प्रतियोगिता व्यवस्थित रूप में दिल्ली दरबार में खेली गई। जल्द ही यह खेल लोकप्रिय हो गया। 1912 तक सभी ब्रिटिश और भारतीय सेना शिविरों में यह खेला जाने लगा। संसारपुर के इसार सिंह कुलार ने 36 सिख जो बाद में 4 सिख रेजीमेंट कहलाई, उसकी तरफ से दिल्ली दरबार हॉकी टूर्नामेंट में भाग लिया। यहाँ के पुरानी पीढ़ी के लोगों ने इस खेल को अव्यवस्थित रूप में अपनाया था। वे इस खेल को गेंद और स्टिक से खेलते थे, लेकिन इसका पंजाबी नाम खुडो-खुंडी कहलाता था। गेंद सूती धागों से बनी होती थी। 1914 में पंजाब विश्वविद्यालय और स्कूल में हॉकी की शुरुआत हुई। एकमात्र हाईस्कूल जालंधर कैंट में था। संसारपुर के सभी छात्र इसी स्कूल में पढ़ते थे। बाद में इनकी पढ़ाई अमृतसर के खालसा कॉलेज में हुई।

1926 में यहाँ के ठाकुर सिंह कुलार पहले ऐसे खिलाड़ी थे, जो भारतीय सेना एकादश की टीम के साथ पहले विदेशी दौरे के रूप में न्यूजीलैंड गए। भारत की यह पहली टीम थी, जिसने सर्वप्रथम विदेश का दौरा किया। वहाँ उनके प्रदर्शन को

संसारपुर हॉकी एसोसिएशन के खेल मैदान पर
हरभजन सिंह, अजित सिंह और कर्नल बलबीर सिंह

मिली वाहवाही से न केवल अन्य गाँववालों का उत्साह बढ़ा, बल्कि उन्होंने हॉकी को गंभीरता से लेना शुरू कर दिया। जिसका नतीजा यह हुआ कि एक के बाद एक 14 ओलंपियन, 21 अंतरराष्ट्रीय, 119 राष्ट्रीय खिलाड़ी और 165 अन्य हॉकी के श्रेष्ठ खिलाड़ी इस गाँव ने सेना, पुलिस तथा विभिन्न विश्वविद्यालयों को दिए।

जो 14 ओलंपियन इस गाँव ने दिए हैं, उसमें से 9 ने भारत का और तीन ने केन्या का और एक ने कनाडा का प्रतिनिधित्व किया। यूँ तो 1932 से 2000 तक कई संसारपुरियों ने ओलंपिक खेलों में भाग लिया, पर 1968 के मैक्सिको ओलंपिक में तो हद हो गई, जब इस गाँव के 7 खिलाड़ियों ने ओलंपिक में भागीदारी की। इनमें पाँच भारत के बलबीर सिंह पंजाब पुलिस, जगजीत सिंह, बलबीर सिंह सेना, तरसेम सिंह तथा अजित पाल सिंह ने भारत का व हरदयाल सिंह एवं जगजीत सिंह ने केन्या का प्रतिनिधित्व किया। उल्लेखनीय बात यह है कि किसी ओलंपिक में एक ही समय में एक ही गाँव के 7 खिलाड़ियों ने दो अलग-अलग देशों या महाद्वीपों का प्रतिनिधित्व नहीं किया।

1932 के लॉस एंजेल्स ओलंपिक में संसारपुर के गुरमीत सिंह ने ध्यानचंद और अन्य लोगों के साथ भाग लिया था। वे ओलंपिक में भाग लेनेवाले संसारपुर के पहले खिलाड़ी माने जाते हैं। यद्यपि उनका निधन 1993 में हुआ, लेकिन जब 198 4 में पुनः लॉस एंजेल्स में ओलंपिक हुए थे तो उन्हें गेस्ट ऑफ ऑनर का सम्मान दिया गया था। वे उस वक्त जीवित ओलंपियनों में सर्वाधिक उम्रदराज लोगों में से

एक थे। उधम सिंह कुलार जो इसी गाँव के थे, उन्होंने चार ओलंपिक- 1952, 1956, 1960 और 1964 में भाग लेकर तीन स्वर्ण और एक रजत पदक हासिल कर अपना नाम गिनीज बुक ऑफ वर्ल्ड रिकॉड्र्स में दर्ज करा रखा है। इनके अलावा गुरुदेव सिंह कुलार ने 1956 मेलबर्न, दर्शन सिंह कुलार 1964 टोक्यो, बलबीर सिंह कुलार 1964 टोक्यो, जगजीत सिंह कुलार 1964 टोक्यो, अजित पाल सिंह 1968 मैक्सिको, बलबीर सिंह कुलार सेना 1968 मैक्सिको और तरसेम सिंह कुलार ने 1968 मैक्सिको के ओलंपिक में भारत की तरफ से भाग लिया, जबकि यहाँ के हरदेव सिंह कुलार ने 1956, 1960 और 1964, जगजीत सिंह कुलार 1968 एवं 1972, हरदयाल सिंह कुलार 1968 एवं 1972 और हरविंदर सिंह कुलार ने 198 4 के ओलंपिक में केन्या का प्रतिनिधित्व किया। इस गाँव के बिंदी सिंह कुलार 2000 के ओलंपिक में कनाडा की तरफ से खेले।

❑

रगों में हॉकी और उपनाम

भारतीय हॉकी में जहाँ पिता-पुत्र की चार जोड़ियाँ ओलंपिक में खेली हैं, वहीं भाइयों के पाँच जोड़े अब तक देश के लिए ओलंपिक में खेल चुके हैं।

पिता-पुत्र की ये चार जोड़ियाँ हैं—ध्यानचंद-अशोक कुमार, अहमद शेर खान-असलम शेर खान, लेस्ली क्लाडियस-रॉबर्ट क्लाडियस और अजीत सिंह-गगन अजीत सिंह।

भाइयों के पाँच जोड़े हैं—ध्यानचंद-रूप सिंह, बलबीर सिंह-गुरबख्श सिंह, हरमीक सिंह-अजित सिंह, वी.जे. पीटर्स-वी.जे. फिलिप्स, विवेक सिंह-राहुल सिंह।

जहाँ तक उपनाम की बात है तो भारतीय हॉकी टीम के लिखाड़ियों में सिखों का बोलबाला रहा है। बलबीर सिंह नाम के तो तीन खिलाड़ी अब तक देश के लिए खेल चुके हैं।

सिंह नाम तो भारतीय हॉकी में इस कदर समाया हुआ है कि उनके बिना तो भारतीय हॉकी टीम की कल्पना ही नहीं की जा सकती है। इसका एक उदाहरण काफी है। एक अखबार ने लिखा—सिंह ने 'मूव' बनाया, एक डिफेंडर को छकाने के बाद सिंह ने गेंद सिंह की तरफ बढ़ा दी। सिंह ने फिर सिंह को ही सेंटर किया और सिंह ने रिवर्स लिक द्वारा गोल कर दिया।

उपनाम की आगे चर्चा करें तो भारतीय टीम में कम-से-कम दो चार्ल्स नजर आते हैं। चार्ल्स स्टीफन पंजाब 1964 के ओलंपिक में फॉरवर्ड के रूप में खेले थे, जबकि चार्ल्स कार्नेलियस तमिलनाडु 1972 के ओलंपिक में गोलकीपर थे। इसी तरह दो कौशिक भी हैं। जालंधर के रहनेवाले हरिपाल कौशिक जहाँ तीन ओलंपिक में खेले और दो बार स्वर्ण पदक व एक बार रजत विजेता टीम के सदस्य रहे, वहीं एम.के. कौशिक मास्को ओलंपिक की स्वर्ण पदक विजेता टीम के सदस्य थे। बाद में प्रशिक्षक की भूमिका में एम.के. कौशिक ने 1998 के एशियाई खेलों में भारत को स्वर्ण पदक भी दिलाया।

❑

मेलबर्न ओलंपिक की विजेता भारतीय टीम

रैंक	नाम	देश	लिंग	स्वर्ण	रजत	कांस्य	योग	रेटिंग
1	क्लाडियस	भारत	पु.	3	1	0	4	20
1	ऊधम सिंह	भारत	पु.	3	1	0	4	20
3	ध्यानचंद	भारत	पु.	3	0	0	3	18
3	आर. फ्रांसिस	भारत	पु.	3	0	0	3	18
3	आर. जेंटल	भारत	पु.	3	0	0	3	18
3	रेशले हावेक्स	ऑस्ट्रेलिया	म.	3	0	0	3	18
3	बलबीर सिंह सी.	भारत	पु.	3	0	0	3	18

ओलंपिक हॉकी के टॉप रैंक खिलाड़ी

प्रतियोगिता	स्वर्ण	रजत	कांस्य	योग
ओलंपिक	8	1	2	11
विश्वकप	1	1	1	3
राष्ट्रमंडल खेल	0	2	0	2
एशियाई खेल	3	9	2	14
चैंपियंस ट्रॉफी	0	0	1	1
एशिया कप	2	5	1	8
अजलन शाह	5	1	6	12
हॉकी चैंपियंस चैलेंज	1	1	2	4
एशियन हॉकी चैंपियंस ट्रॉफी	1	1	0	2
एशियाई खेल	1	0	0	1
दक्षिण एशियाई खेल	1	2	0	3

ओलंपिक में भारत

आधुनिक ओलंपिक का पहला आयोजन 1896 में एथेंस में हुआ था, पर हॉकी-स्पर्धा को 1908 से शामिल किया गया। इस वर्ष छह देशों ने भाग लिया था और मेजबान इंग्लैंड विजेता बना था। इसके बाद हॉकी 1920 में दूसरी बार ओलंपिक में शामिल हुई थी। इस बार भी इंग्लैंड ही विजेता बना था।

भारत ने पहली बार एम्सटर्डम ओलंपिक 1928 में भाग लिया। इस बार दस टीमों ने हिस्सा लिया। भारत ने पहली बार ही स्वर्ण पदक जीतकर अपनी साख कायम कर दी और यह सिलसिला मेलबर्न ओलंपिक 1956 तक कायम रहा। 1960 के रोम ओलंपिक में पहली बार भारत पराजित हुआ। भारत ने ओलंपिक में हॉकी में कुल आठ स्वर्ण पदक जीते हैं। ओलंपिक फाइनल की सबसे बड़ी जीत 1936, भारत-8, जर्मनी-1और ग्रुप मैचों की सबसे बड़ी जीत 1932, भारत-24, अमेरिका का रिकॉर्ड आज भी भारत के नाम सुरक्षित है। लगातार 30 जीतों का रिकॉर्ड भी भारत के ही नाम है।

ओलंपिक में भारतीय हॉकी टीम का जलवा ऐसा था कि 28 साल में सिर्फ एक बार 1956 में वह एक ही गोल कर विजेता बनी थी। जबकि हमेशा यह अंतर बड़ा रहता था। यही नहीं, इसी देश को भारत के खिलाफ एक से ज्यादा गोल ठोकने में 40 साल का लंबा समय लग गया। 1968 में न्यूजीलैंड ने भारत को 2-1 से हराया था। हॉकी में शानदार रिकॉर्ड रखनेवाले भारत को एक बार ओलंपिक में नहीं खेलने का

मेलबर्न ओलंपिक की विजेता भारतीय टीम

भी दंश झेलना पड़ा है। भारतीय हॉकी के इतिहास का सबसे काला अध्याय लिखते हुए इंग्लैंड ने भारत को क्वालीफाइंग टूर्नामेंट के फाइनल में 2-0 से हराकर 80 साल के इतिहास में पहली बार ओलंपिक में प्रवेश से महरूम कर दिया, पर अब भी भारत ओलंपिक में सरताज है, क्योंकि उसके खाते में कुल आठ स्वर्ण सहित एक रजत और दो कांस्य पदक हैं। अंतिम बार भारत को 1980 में स्वर्ण पदक मिला है। 1928 से 1956 के ओलंपिक तक भारत ने कुल 24 मैच खेले और सभी में विजय प्राप्त करते हुए 178 गोल किए थे और सिर्फ सात ही गोल खाए।

हॉकी प्रतियोगिताओं में भारतीय प्रदर्शन

वर्ष	स्थान	कप्तान	पदक
1928	एम्सटर्डम	जयपाल सिंह	स्वर्ण
1932	लॉस एंजेल्स	लाल शाह बोखारी	स्वर्ण
1936	बर्लिन	ध्यानचंद	स्वर्ण
1948	लंदन	किशन लाल	स्वर्ण
1952	हेलसिंकी	के.डी. सिंह 'बाबू'	स्वर्ण
1956	मेलबर्न	बलबीर सिंह सीनियर	स्वर्ण
1960	रोम	लेस्ली क्लाडियस	रजत
1964	टोक्यो	चरणजीत सिंह	स्वर्ण
1968	मैक्सिको	पृथीपाल एवं गुरुबख्श सिंह	कांस्य
1972	म्यूनिक	हरमीक सिंह	कांस्य
1976	मांट्रियल	अजित पाल सिंह	7वाँ स्थान
1980	मास्को	वासुदेवन भास्करन	स्वर्ण
1984	लॉस एंजेल्स	जफर इकबाल	5वाँ स्थान
1988	सियोल	एम. सोमैया	6वाँ स्थान
1992	बार्सिलोना	परगट सिंह	7वाँ स्थान
1996	अटलांटा	परगट सिंह	8वाँ स्थान
2000	सिडनी	रमन दीप सिंह	7वाँ स्थान
2004	एथेंस	दिलीप टिर्की	7वाँ स्थान
2008	बीजिंग		क्वालीफाई नहीं
2012	लंदन	भरत छेत्री	12वाँ स्थान

❑

ओलंपिक कप्तान

1928–एम्सटर्डम
स्थिति : स्वर्ण पदक
कप्तान: जयपाल सिंह

1932–लॉस एंजेल्स
स्थिति : स्वर्ण पदक
कप्तान: लाल शाह बोखारी

1936–बर्लिन
स्थिति : स्वर्ण पदक
कप्तान: ध्यानचंद

1948–लंदन
स्थिति : स्वर्ण पदक
कप्तान: किशन लाल

1952– हेलसिंकी
स्थिति : स्वर्ण पदक
कप्तान: के.डी. सिंह 'बाबू'

1956–मेलबर्न
स्थिति : स्वर्ण पदक
कप्तान: बलबीर सिंह (सी.)

1960–रोम
स्थिति : रजत पदक
कप्तान: लेस्ली क्लाडियस

1964–टोक्यो
स्थिति : स्वर्ण पदक
कप्तान: चरणजीत सिंह

1968–मैक्सिको
स्थिति : कांस्य पदक
कप्तान: पृथीपाल सिंह
एवं गुरबख्श सिंह

1972–म्यूनिख
स्थिति : कांस्य पदक
कप्तान: हरमीक सिंह
ओलंपिक कप्तान

1976–मांट्रियल
स्थिति : सातवाँ स्थान
कप्तान: अजित पाल सिंह

1980–मास्को
स्थिति : स्वर्ण पदक
कप्तान: वी. भास्करन

1984–लॉस एंजेल्स
स्थिति : पाँचवाँ स्थान
कप्तान: जफर इकबाल

1988–सियोल
स्थिति : छठा
कप्तान: एम.सोमैया

1992– बार्सिलोना
स्थिति : सातवाँ
कप्तान: परगट सिंह

1996–अटलांटा
स्थिति : आठवाँ
कप्तान: परगट सिंह

2000–सिडनी
स्थिति : सातवाँ
कप्तान: रमनदीप सिंह

2004–एथेंस
स्थिति : सातवाँ
कप्तान: दिलीप टिर्की

2008– बीजिंग
स्थिति : क्वालीफाई नहीं

2012–लंदन
स्थिति : बारहवाँ
कप्तान : भरत छेत्री

❑

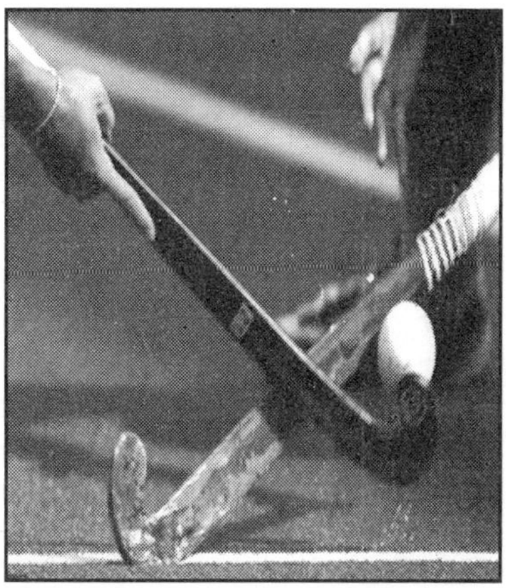

विश्व कप में भारत

हॉकी की दुनिया में दिन शुक्रवार, तारीख 15, महीना अक्तूबर और साल 1971 अविस्मरणीय रहेगा, क्योंकि इसी दिन बार्सिलोना के रियल पोलो ग्राउंड पर विश्व कप हॉकी की शुरुआत हुई थी। यद्यपि विश्व कप का पहला मेजबान देश बना स्पेन, पर विश्व कप का आइडिया भारत और पाकिस्तान दोनों की देन है। दोनों ने 30 मार्च, 1969 को पेरिस में अंतरराष्ट्रीय हॉकी संघ की बैठक में विश्व कप हॉकी प्रतियोगिता आयोजित किये जाने का प्रस्ताव रखा। 26 अक्टूबर, 1969 को ब्रुसेल्स में संघ ने प्रति दो वर्ष बाद विश्व कप हॉकी का आयोजन करना स्वीकार कर लिया।

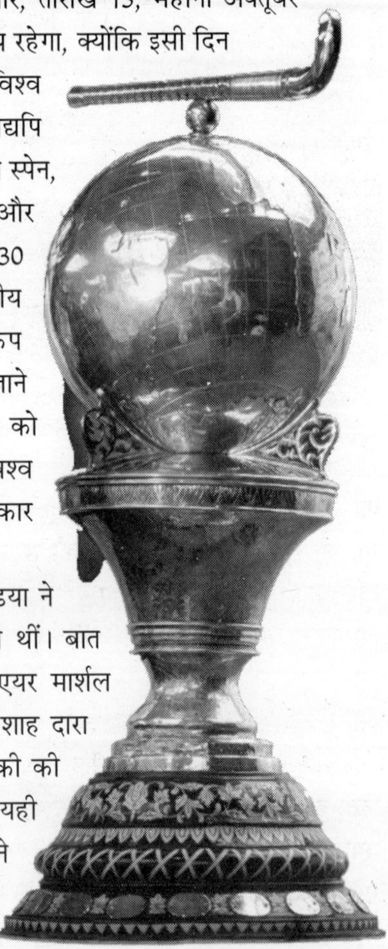

दरअसल विश्व कप का आइडिया ने पाकिस्तानी सरजमी पर आँखें खोली थीं। बात 1969 की है। उस वक्त पाक के एयर मार्शल नूर खान और कर्नल अली इक्तिदार शाह दारा ने ओलंपिक से हटकर एक और हॉकी की बड़ी प्रतियोगिता कराने की सोची। यही नहीं, पाकिस्तान के बसीर मुजीद ने विश्व कप ट्रॉफी की डिजाइनिंग की। उस वक्त यह ट्रॉफी 6 लाख

तत्कालीन प्रधानमंत्री स्व. इंदिरा गांधी के साथ विश्व कप विजेता टीम

रुपये कीमत की थी, जिसमें 895 ग्राम सोना, 6815 ग्राम चाँदी, 350 हाथी दाँत और 3500 ग्राम टीक की लकड़ी है।

11,560 ग्राम 11.56 किलोग्राम ट्रॉफी के ऊपर ग्लोब बना हुआ है।

पहली विश्वकप प्रतियोगिता का आयोजन पाकिस्तान के लाहौर में होना था, लेकिन वहाँ भारत विरोधी लहर के चलते अंतरराष्ट्रीय हॉकी संघ को स्थान बदल कर यह आयोजन बार्सिलोना स्पेन में करना पड़ा। उल्लेखनीय बात तो यह है कि भारत विरोधी आंदोलन की अगुआई वहाँ के क्रिकेट कप्तान हब्दुल हफीज कारदार द्वारा किया गया था, जो विभाजन के पूर्व भारत की तरफ से भी खेल चुके थे। पाकिस्तान की विश्वकप के साथ ढेर सारी यादें जुड़ी हैं। विश्वकप के विचार के साथ इसके आयोजन और ट्रॉफी के साथ ही विश्वकप का पहला गोल करने का श्रेय भी पाकिस्तान के खिलाड़ी फुल बैक तनवीर को है। तनवीर ने यह गोल पेनाल्टी कॉर्नर पर अर्जेंटीना के विरुद्ध दागा था।

ओलंपिक खेलों की भाँति विश्वकप प्रतियोगिता में भी 12 टीमें भाग लेती हैं। शुरुआत में विश्वकप व्यवस्थित ढंग से नहीं आयोजित हो पाया था, क्योंकि पहले चार आयोजन तो मात्र सात सालों 1971-1978 के ही बीच हो गए थे। तब टीमों को लेकर कोई सीमा रेखा नहीं थी। 2002 के विश्वकप में तो 16 टीमों को खेलने का सौभाग्य मिला था। 1978 के बाद हर चार साल

विश्व कप में भारत की स्थिति

वर्ष	स्थान	रैंकिंग
1971	बार्सिलोना	3
1973	एम्सटर्डम	2
1975	क्वालालंपुर	1
1978	ब्यूनस आयर्स	6
1982	बंबई	5
1986	लंदन	12
1990	लाहौर	10
1994	सिडनी	5
1998	उट्रेख्त	9
2002	क्वालालंपुर	10
2006	मोंचेगलाइबाख	11
2010	दिल्ली	2
2014	हेग	9

बाद विश्व कप का आयोजन होता है। हर चार साल बाद आयोजित होनेवाला विश्वकप ओलंपिक के दो साल बाद होता है।

1975 में विश्वकप जीतने के बाद भारत का सबसे अच्छा प्रदर्शन 1982 बंबई के बाद 1998 में हुआ, जबकि 1994 में सिडनी विश्वकप में भारत एक बार फिर बहुत करीब से अंतिम चार में स्थान बनाने से चूक गया था। तब धनराज हॉकी विश्व एकादश में चुने गए थे। धनराज के बाद यह गौरव किसी अन्य भारतीय खिलाड़ी को अब तक नहीं मिला है।

- *तीन भारतीय खिलाड़ी मोहिंदर सिंह, राजेंदर सिंह और मुकेश कुमार ने हैट्रिक जमाने का गौरव पाया। मोहिंदर ने 1975 के विश्व कप में भारत बनाम घाना मैच में राजिंदर सिंह ने दो हैट्रिक 1982 के विश्व कप में और मुकेश कुमार ने 1998 में यह श्रेय पाया।*
- *अशोक कुमार और धनराज पिल्लै ने चार विश्व कप में हिस्सा लिया। अशोक 1971, 73, 75 और 78 में खेले, जबकि धनराज 1990, 94, 98 और 2002 में खेले।*

❑

चैंपियंस ट्रॉफी में जीत भारत के बूते नहीं

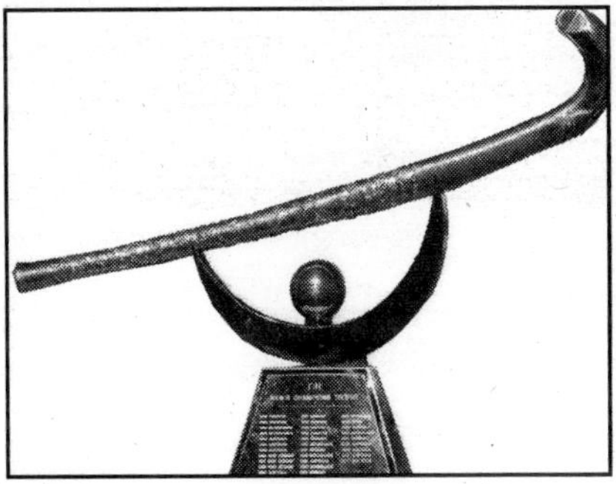

चैंपियंस ट्रॉफी का चैंपियन बनना ओलंपिक या फिर विश्वकप की जीत से कहीं ज्यादा मुश्किल है। शायद यही वजह है कि इस कारण इसे हॉकी की सर्वाधिक बड़ी, कड़ी और प्रतिष्ठित प्रतियोगिता के रूप में देखा जाता है। देखा जाए तो निर्विवाद श्रेष्ठता हेतु शीर्षस्थ टीमों की स्पर्धा ही चैंपियंस ट्रॉफी है। ओलंपिक या विश्वकप में ग्रुप विभाजन की वजह से शीर्ष टीमों की भिड़ंत कई बार टल जाती है, पर चैंपियंस ट्रॉफी में दुनिया की चुनिंदा टीमों को आपस में दो-दो हाथ कर जीतना होता है। हर वर्ष की स्पर्धा में लीग में प्रथम आना ही काफी नहीं है। वर्ष 1992 से राउंड रॉबिन में प्रथम दो पायदानों पर आनेवाली टीम को टाइटल मैच फाइनल भी जीतना होता है।

चैंपियंस ट्रॉफी की शुरुआत का श्रेय पाकिस्तान के कर्नल अली इक्तिदार शाह ए.आई.एस. दारा को जाता है। दारा न केवल हॉकी प्रेमी ही थे, बल्कि वे ओलंपियन भी थे। वे 1936 के बर्लिन ओलंपिक में भारत की तरफ से खेले थे, लेकिन 1948 के लंदन ओलंपिक में पाकिस्तानी टीम के कप्तान थे। वे अपने जमाने के उच्च कोटि के राइट इन खिलाड़ी थे। वे 1932 के लॉस एंजेल्स ओलंपिक में खेल सकते थे, पर उस वक्त उनकी उम्र महज 18 साल थी। लिहाजा कम उम्र की वजह से उन्हें भारतीय टीम में शामिल नहीं किया गया था। दारा के कहने पर पाकिस्तान एयर लाइंस के एयर मार्शल नूर खाँ ने 5 किलोग्राम विशुद्ध चाँदी की बनी चैंपियन ट्रॉफी भेंट की है।

चौथे विश्वकप 1978 के दौरान दारा ने पाकिस्तान हॉकी संघ के अध्यक्ष नूर

चैंपियंस ट्राफी (2014) में भाग लेने वाली टीमों के कप्तान

खाँ के साथ एक चाय पार्टी के वक्त एक ऐसे टूर्नामेंट के आयोजन का प्रस्ताव रखा, जिसमें दुनिया की केवल शीर्ष छह टीमों को भाग लेने की अनुमति हो। अंतरराष्ट्रीय हॉकी संघ की बैठक में उस वक्त के संघ के अध्यक्ष ने न केवल पाकिस्तान के इस प्रस्ताव पर अपनी सहमति दी, बल्कि पाकिस्तान को पहली बार ऐसे टूर्नामेंट के आयोजन की जिम्मेदारी सौंप दी। पाकिस्तान एयर लाइंस ने सुपर चैंपियंस के नाम से एक ट्रॉफी बनवाकर संघ को सौंप दिया, जिसे अंतरराष्ट्रीय हॉकी संघ ने चैंपियंस ट्रॉफी का नाम दिया। निर्णय यह हुआ कि विश्व की शीर्ष छह टीमें लीग के आधार पर खेलकर सर्वोच्च अंकों के जरिए विजेता का फैसला करेंगी। साथ ही यह तय हुआ कि चैंपियंस ट्रॉफी में भाग लेनेवाले सभी टीमों का खर्च वहन मेजबान देश करेगा।

हॉकी का शहर कहे जानेवाले लाहौर में पहली चैंपियंस ट्रॉफी का आयोजन 1978 में 17 से 24 नवंबर तक हुआ। इस प्रतियोगिता में पश्चिम जर्मनी, हॉलैंड, आस्ट्रेलिया, स्पेन और न्यूजीलैंड को आमंत्रित किया गया था, लेकिन जब जर्मन और हॉलैंड ने आने में असमर्थता व्यक्त कर दी तो भारत और ब्रिटेन को निमंत्रण भेजा गया, पर भारत ने इसमें हिस्सा नहीं लिया। इस तरह पहली चैंपियंस ट्रॉफी में कर्नल गद्दाफी स्टेडियम में केवल पाँच टीमें खेलीं और पाकिस्तान चैंपियन बना। दो साल बाद 1980 में जब पुन: यह प्रतियोगिता हुई तो इस बार भी पाकिस्तान ही मेजबान बना। पाकिस्तान लगातार दूसरी बार विजेता बनने में सफल रहा। यद्यपि इसमें भारत सहित सात टीमों ने हिस्सा लिया था। 1981 में तीसरी बार भी मेजबानी पाकिस्तान

ने की। कराची में हुई इस प्रतियोगिता में हॉलैंड चैंपियन बना। 1980 के बाद इस प्रतियोगिता को हर वर्ष आयोजित करने का निर्णय लिया गया। अत: 1982 में चैंपियंस ट्रॉफी की मेजबानी हॉलैंड ने एम्सटर्डम में 6 से 13 जून तक की। लगातार हॉलैंड दूसरी बार चैंपियन बना। ऑस्ट्रेलिया को दूसरा और भारत को तीसरा स्थान मिला।

भारत सभी चैंपियंस ट्रॉफी में हिस्सा लेने में सफल नहीं रहा है। कई बार तो उसे इस वजह से खेलने का मौका मिला, क्योंकि उसने मेजबानी की थी। पहली बार भारत ने 1996 में चेन्नई में यह प्रतियोगिता आयोजित की थी। दूसरी बार उसने पिछले वर्ष 2014 में भुवनेश्वर में मेजबानी की। भारत चैंपियंस ट्रॉफी में कभी विजेता नहीं बन सका है। पहली बार जब उसने 1980 में कराची में भाग लिया था तो उसे पाँचवाँ स्थान मिला था। भारत का इस प्रतियोगिता में सर्वश्रेष्ठ प्रदर्शन 198 2 हॉलैंड में रहा है, जहाँ उसे तीसरा स्थान मिला था। 1983 में कराची में भारत को चौथा, 1985 में पर्थ में पाँचवाँ, 1989 में बर्लिन में अंतिम छठा स्थान मिला था। चैंपियंस ट्रॉफी में भारत का सबसे अच्छा प्रदर्शन 1985 में रहा, जब जर्मनी के खिलाफ 1–5 से पिछड़ने के बावजूद परगट के चमत्कारी खेल के चलते भारत यह मैच अंतत: 5–5 से ड्रा कराने में सफल रहा। परगट ने कुल चार गोल दागे थे।

चैंपियंस ट्रॉफी में भारत

सन्	स्थान	स्थिति
1980	कराची	पाँचवाँ
1982	एम्सटर्डम	तीसरा
1983	कराची	चौथा
1985	पर्थ	छठा
1986	कराची	पाँचवाँ
1989	बर्लिन	पाँचवाँ
1996	चेन्नई	चौथा
2002	कोलोगने	चौथा
2003	एम्सटेलवीन	चौथा
2004	लाहौर	चौथा
2005	चेन्नई	पाँचवाँ
2012	मेलबर्न	चौथा
2014	भुवनेश्वर	चौथा

एशियाई खेल

यद्यपि भारत एशियाई खेलों का जन्मदाता है और पहले एशियाई खेल 1951 में दिल्ली में हुए, लेकिन तब हॉकी को उसमें शामिल नहीं किया गया था। एशियाई खेलों में हॉकी को 1958 में टोक्यो में हुए खेलों में पहली बार शामिल किया गया था।

कप्तान धनराज की आँखों में खुशी के आँसू 1998

भारत को अब तक एशियाई खेलों में केवल तीन बार ही स्वर्णिम सफलता मिली। पहली बार 1966 में बैंकॉक खेलों में, पुनः 1998 में बैंकॉक में ही हुए खेलों में सफलता मिली थी। इसके बाद 2014 में इंचियोन खेलों में भारतीय हॉकी को तीसरी बार स्वर्णिम सफलता मिली है।

एशियाई खेलों में भारतीय हॉकी

सन्	स्थान	स्थिति
1958	टोक्यो	2
1962	जकार्ता	2
1966	बैंकॉक	1
1970	बैंकॉक	2
1974	तेहरान	2
1978	बैंकॉक	2
1982	दिल्ली	2
1986	सियोल	3
1990	बीजिंग	2
1994	हिरोशिमा	2
1998	बैंकॉक	1
2002	बुसान	2
2006	दोहा	5
2010		
2014	इंचियोन	1

इंचियोन की विजेता हॉकी टीम

अजलन शाह हॉकी कप

मलेशिया के इपोह नगर में होनेवाली अजलन शाह हॉकी प्रतियोगिता एक ऐसा आयोजन है, जहाँ भारतीय हॉकी टीम सफलता के सोपान पर अकसर चढ़ती रहती है।

यह प्रतियोगिता मलेशियाई हॉकी के जनक सुल्तान अजलन शाह के नाम पर होती है। अभी पिछले 28 मई को ही उनका निधन 86 वर्ष की अवस्था में हुआ है, जिसे अंतरराष्ट्रीय हॉकी के लिए एक बड़ी क्षति माना जा रहा है। सुल्तान अजलन शाह पेरेक के सुल्तान थे और उन्होंने खिलाड़ी एवं प्रशासक के रूप में 41 वर्षों तक इस खेल की सेवा की। वे खेल प्रेमी थे। हॉकी से उन्हें विशेष लगाव था। यही वजह थी कि उन्होंने 1983 में सुल्तान अजलन शाह हॉकी टूर्नामेंट की शुरुआत की थी। शुरुआत में यह टूर्नामेंट पहले प्रत्येक दो साल में आयोजित होता था, लेकिन 1998 के बाद इसका हर वर्ष आयोजन किया जाने लगा।

भारत ने 1983 में पहली बार भाग लेते हुए तीसरा स्थान पाया था। इसके बाद वह अगले आयोजन 1985 में चैंपियन बन गया और लगातार दो बार 1991 एवं 1995 में वह चैंपियन बनता रहा। इसके बाद वह 2009 एवं 2010 में भी चैंपियन बना।

वर्ष	स्थिति
1983	3
1985	1
1991	1
1995	1
1999	5
2000	3
2001	5
2004	7
2005	5
2006	3
2007	3
2008	2
2009	1
2010	1
2011	6
2012	3
2013	5

अजलन शाह हॉकी में भारत की 'चाँदी'

मेजबान मलेशिया को 3-1 से हराकर 2009 में चैंपियन बनी भारतीय टीम किसी भी खिलाड़ी का सपना ओलंपिक में भाग लेना होता है। इसमें यदि खिलाड़ी को ध्वजवाहक का सम्मान मिल जाता है तो यह सोने पर सुहागा जैसा ही कहा जाएगा। मार्च पास्ट के समय तिरंगा लेकर चलना किसी गौरव से कम नहीं। हॉकी के कई खिलाड़ियों को ओलंपिक में भारतीय ध्वजवाहक होने का सम्मान प्राप्त हुआ है।

मेजबान मलेशिया को 3-1 से हराकर 2009 में चैंपियन बनी भारतीय टीम

बलबीर सिंह सीनियर को तो दो बार ध्वजवाहक होने का अनोखा गौरव हासिल हुआ। वे 1952 और 1956 के ओलंपिक में भारतीय टीम के ध्वजवाहक थे। हॉकी क्या किसी भी अन्य खेल के खिलाड़ी को ऐसी दोहरी सफलता आज तक नहीं मिली है। बलबीर सिंह से पहले हॉकी खिलाड़ी के रूप में 1932 के लॉस एंजेल्स ओलंपिक में लाल शाह बोखारी ध्वजवाहक थे। इसके बाद 1936 के बर्लिन ओलंपिक में यह जिम्मेदारी हॉकी के जादूगर ध्यानचंद ने निभाई थी। इसके बाद जफर इकबाल ने 1984 के लॉस एंजेल्स और परगट सिंह ने 1996 के ओलंपिक में यह महती जिम्मेदारी सँभाली थी।

❑

ओलंपिक में भारतीय ध्वजवाहक

1956 के ओलंपिक में ध्वजवाहक बलबीर सिंह

पुरस्कार

पद्म भूषण, पद्मश्री, राजीव गांधी खेल रत्न, द्रोणाचार्य एवं अर्जुन पुरस्कार से सम्मानित हॉकी खिलाड़ी।

पद्म भूषण

पुरुष : ध्यानचंद - 1956

महिला : बेगम एजाज रसूल- 2000

पद्मश्री

पुरुष : बलबीर सिंह सीनियर- 1957, के. डी. सिंह बाबू- 1958, चरणजीत सिंह- 1964, किशन लाल - 1966, पृथीपाल सिंह- 1967, शंकर लक्ष्मण- 1967, लेस्ली क्लाडियस- 1971, वासुदेवन भाष्करन- 1981, मोहम्मद शाहिद- 1981, जमन लाल शर्मा- 1990, अजित पाल सिंह- 1992, परगट सिंह- 1998, धनराज पिल्लै- 2000, मुकेश कुमार- 2003, दिलीप टिर्की- 2004, बलबीर सिंह- 2009, इगनेश टिर्की- 2010, जफर इकबाल- 2012, सरदार सिंह- 2015।

महिला : एलिजा नेल्सन- 198 2, सेल्मा डी सिल्वा- 1991, सुनीता रानी- 2001।

राजीव गांधी खेल रत्न पुरस्कार

धनराज पिल्लै- 1999

अर्जुन पुरस्कार

पुरुष : पृथीपाल सिंह-1961, चरणजीत सिंह- 1963, शंकर लक्ष्मण- 1964, ऊधम सिंह- 1965, वी. जे. पीटर- 1966, गुरबख्श सिंह- 1966, हरबिंदर सिंह- 1967, जगजीत सिंह- 1967, मोहिंदर लाल- 1967, बलबीर सिंह (सेना)- 1968, अजित पाल सिंह- 1970, पी. कृष्णमूर्ति- 1972, माइकल किंडो- 1972, एम.पी. गणेश- 1973, अशोक कुमार- 1974, बी. पी. गोविंदा- 1975, हरचरण सिंह- 1977, वासुदेवन भाष्करन- 1979, मोहम्मद शाहिद- 1980, जफर इकबाल- 1983, एम. एम. सोमैया- 1985, जोएकिम कारवल्हो- 1986, मोहिंदर पाल सिंह- 1988, परगट सिंह- 1989, जगबीर सिंह- 1990, मेरविन फर्नांडिस- 1992, जूडे फेलिक्स- 1994, मुकेश कुमार- 1995, धनराज पिल्लै- 1995, आशीष बल्लाल- 1996, ए. बी. सुब्बैया- 1996, हरमीक सिंह- 1997, सुरिंदर सिंह सोढी- 1997, राजिंदर सिंह सीनियर- 1997, सुरजीत सिंह- 1998, एम. के. कौशिक- 1998, बलदेव सिंह- 1998, मोहम्मद रियाज- 1998, बलजीत सिंह ढिल्लन- 1998,

बलबीर सिंह (पंजाब)- 1999, हरपाल कौशिक- 1999, वी. जे. फिलिप्स- 1999, रमनदीप सिंह- 1999, बलजीत सिंह सैनी- 2000, आर. एस. भोला- 2000, बाल किशन सिंह- 2000, जलालुद्दीन रिजवी- 2000, दिलीप टिकी- 2001, गगन अजित सिंह- 2002, देवेश चौहान- 2003, दीपक ठाकुर- 2004, वीरेन रसकिन्हा- 2005, प्रभजोत सिंह- 2008, इगनेस

टिर्की- 2009, राजपाल सिंह- 2011, सरदार सिंह- 2012, पी.आर.श्रीजेश- 2015

महिला : एन.लुम्सडेन-1961, एलवीरा ब्रिटो- 1965, सुनीता पुरी- 1966, डॉ. ओ. मैसकरेन्हस- 1973, अजिंदर कौर- 1974, रूपा सैनी- 1975, एल.एल. फर्नांडीस- 1977, आर. बी. मुंडप्पन- 1979, एलिजा नेल्सन- 1980, वर्षा सोनी- 1981, राजबीर कौर- 1984, प्रेम माया- 1985, एस. ओमाना कुमारी, प्रीतम रानी- 1998, टी. चानू, मधु यादव- 2000, सीता गोसांई- 2001, ममता खरब- 2002, सूरज लता देवी- 2003, हेलेन मैरी- 2004, ज्योति सुनीता कुल्लू- 2005, सुरिंदर कौर- 2009, जसजीत कौर हांडा- 2010, सबा अंजुम करीम- 2013।

ध्यानचंद पुरस्कार

पुरुष : अशोक दीवान- 2002, चार्ल्स कोर्नेलियस- 2003, धरम सिंह मान- 2003, हरदयाल सिंह- 2004, राजिंदर सिंह जूनियर- 2005, ग्रहनंदन सिंह (नंदी सिंह)- 2006, वरिंदर सिंह- 2007, मुखबैन सिंह- 2009, गुनदीप कुमार- 2012, सैयद अली- 2013, गुरमेल सिंह- 2014, रोमियो जेम्स- 2015

द्रोणाचार्य पुरस्कार

पुरुष : गुरदयाल सिंह भंगू- 2000, एम. के.कौशिक- 2002, राजिंदर सिंह सीनियर- 2003, बलदेव सिंह- 2009, अजय कुमार बंसल- 2010, राजेंद्र सिंह- 2011, हरेंदर सिंह- 2012, नरिंदर सिंह सैनी- 2013।

❑❑❑

विश्व कप विजेता भारतीय हॉकी टीम (1975)